Carl-Auer

Fritz B. Simon

Einführung in Systemtheorie und Konstruktivismus

Zehnte Auflage, 2023

Umschlaggestaltung: Uwe Göbel
Satz: Verlagsservice Hegele, Heiligkreuzsteinach
Printed in Germany
Druck und Bindung: CPI books GmbH, Leck

MIX
Papier | Fördert gute Waldnutzung
FSC® C083411
www.fsc.org

CPI klimaneutral
Mehr Bäume. Weniger CO_2

Zehnte Auflage, 2023
ISBN 978-3-89670-547-1 (Printausgabe)
ISBN 978-3-8497-8228-3 (ePub)

Bibliografische Information der Deutschen Nationalbibliothek:
Die Deutsche Nationalbibliothek verzeichnet diese Publikation in der Deutschen Nationalbibliografie; detaillierte bibliografische Daten sind im Internet über http://dnb.d-nb.de abrufbar.

Informationen zu unserem gesamten Programm, unseren Autoren und zum Verlag finden Sie unter: **https://www.carl-auer.de/**.
Dort können Sie auch unseren Newsletter abonnieren.

Carl-Auer Verlag GmbH
Vangerowstraße 14 • 69115 Heidelberg
Tel. +49 6221 6438-0 • Fax +49 6221 6438-22
info@carl-auer.de

Inhalt

Vorbemerkung

Die Form von Systemtheorie und Konstruktivismus, die hier präsentiert wird, ist durch die Auswahl des Autors bestimmt. Andere Autoren hätten vielleicht eine andere Wahl getroffen. Das skizzierte Modell ist vom Erkenntnisinteresse des „systemischen Praktikers" bestimmt, der mit sozialen Systemen arbeitet. Es waren in der Vergangenheit zunächst Psychiater und Psychotherapeuten, die als Familientherapeuten mit ganzen Familien statt mit individuellen Patienten (Symptomträgern) arbeiteten. Später wurden ihre Ansätze und Methoden auf größere Systeme (Organisationen wie Schulen, Kliniken, Unternehmen) übertragen und von Soziologen theoretisch weiterentwickelt. So kam es zur Ausformulierung von Modellen systemischer Organisationsberatung und des systemischen Managements. Die Orientierung an den genannten Praxisfeldern leitet die folgende Darstellung von Systemtheorie(n) und Konstruktivismus.

Da beide ihre Wurzeln in unterschiedlichen Wissenschaftsgebieten haben, wurden manche Modelle gleichzeitig, aber unabhängig voneinander entwickelt; andere waren in ihrer Entstehung eng miteinander verbunden, und die Logik des einen ergibt sich aus der Logik des anderen. So kommt es, dass manche Konzepte mit unterschiedlichen Begriffen dieselben oder ähnliche Phänomene oder Ideen beschreiben und manche sich als logische Konsequenz aus anderen Konzepten ergeben. Solch ein Netzwerk von Ideen, Vorstellungen und Begriffen ließe sich wahrscheinlich am besten als Mind Map darstellen. Ein geschriebener Text zwingt den Autor immer dazu, eine Reihenfolge vorzugeben, einen „roten Faden" zu spinnen, der meist weder der tatsächlichen Entwicklungsgeschichte noch der inneren Logik einer Theoriearchitektur gerecht wird. Eine Folge dieser durch Medium und Autor bestimmten, geradlinigen Darstellung vernetzter, mal gleichzeitig, mal ungleichzeitig entstandener Konzepte ist die, dass Schleifen in den Text eingebaut werden müssen. Es werden immer wieder früher schon behandelte Themen aufgegriffen oder in vorderen Textteilen Begriffe gebraucht, die erst später in ihrer systemtheoretischen Verwendung definiert werden.

Daher empfiehlt es sich wahrscheinlich, den Text zweimal zu lesen. Denn er stellt ein Kondensat aus Hard-Core-Theorie dar, dessen Verdaubarkeit durch doppeltes Kauen sicher gesteigert wird. Ziel ist es, den Leser mit den wichtigsten theoretischen Konzepten und Modellen vertraut zu machen, die ihm bei der Lektüre der weiterführenden Fachliteratur begegnen werden, sodass er die Begrifflichkeit mit ihrem „Fachchinesisch" und die Logik systemtheoretischer Erklärungen nachvollziehen kann. Dabei wird versucht, den Autoren, die maßgeblich an der Entwicklung der skizzierten Modelle beteiligt waren, und der Originalität ihres Denkens dadurch Reverenz zu erweisen, dass ihre Definitionen und Formulierungen wörtlich zitiert werden (soweit dies den Lesefluss nicht zu sehr beeinträchtigt). Die Hoffnung ist, dass der Leser, dessen Praxisfeld im Bereich sozialer Systeme liegt, auf diese Weise eine allgemeine theoretische Basis findet, um von dort aus selbst einen konkreteren, passgenaueren Theorierahmen für seine Praxis entwickeln zu können.

1 Vom Objekt zum System

1.1 *Descartes' Spaltung der Welt – Ein kurzer wissenschaftsgeschichtlicher Rückblick*

Seit dem klassischen Altertum beschäftigen sich Philosophen mit der Frage, in welchem Verhältnis das Sein der Welt zur Erkenntnis der Welt steht. Als einer der wichtigsten Vordenker unseres zeitgenössischen Weltbildes kann Descartes betrachtet werden. Sein wesentlicher Beitrag zur Entwicklung des westlichen Denkens bestand in einer klaren Abgrenzung zwischen der geistigen und der materiellen Welt. Diese Spaltung bestimmt nicht nur den Unterschied zwischen den beiden „Kulturen" der Natur- und der Geisteswissenschaften, sondern auch unsere Alltagsvorstellungen über die Beziehung der Wirklichkeit zu unserer Erkenntnis von ihr.

Descartes konstruierte eine Welt, in der es zwei unterschiedliche Bereiche gab: geistige und materielle Dinge (Res cogitans/Res extensa). Als Merkmal des Geistes sah er das Denken bzw. seine Modi des Fühlens, Wollens, Begehrens, Vorstellens, Urteilens (des Bejahens und Verneinens); als Merkmale der Körper sah er die Ausdehnung bzw. ihre Erscheinungsweisen wie etwa die Lage, die Gestalt, die Bewegung, die Größe.

Grundlage von Descartes' Modell ist die Annahme „eingeborener Begriffe" (Jaspers 1937). Mit ihrer Hilfe lässt sich die Wirklichkeit beschreiben und erklären. Da sie eingeboren sind, brauchen und können sie nicht hinterfragt werden. Solche Begriffe sind nach Descartes die logischen Grundprinzipien, die Ursache, die Ausdehnung, die Zahl, die Substanz (das Ding, die Sache, das Objekt), vor allem aber Gott.

Descartes geht also von einem vorgegebenen *Ist*-Zustand aus. Da Gott von ihm als Schöpfer als gegeben betrachtet wird, ist auch die Welt in ihrem Sein gegeben. In dieser Tradition steht alle Forschung, die sich mit der Frage beschäftigt, wie etwas wirklich „ist", d. h. mit ontologischen Fragestellungen. Die Frage nach dem Werden, d. h. der Ontogenese, stellt sich nicht, wenn man einen Schöpfer der Dinge voraussetzt.

Als wahr akzeptiert Descartes nur das, was klar und deutlich als *Wesen* eines Gegenstandes einsichtig ist. Sein Zweifel gilt der sinnlichen Wahrnehmung. Was sie suggeriert, darf nicht als wirklich hingenommen werden. Lediglich an sich selbst kann das zweifelnde Subjekt nicht zweifeln, denn, um zweifeln zu können, muss es *„sein"*. Die Selbstbezüglichkeit seines Denkens gibt dem Menschen die Gewissheit zu sein: „Cogito ergo sum" – ich denke, also bin ich.

In dieser Konzeptualisierung des Denkens und des Erkennens bzw. ihrer Beziehung zur materiellen Welt sind vielerlei stillschweigende Vorannahmen über die Welt enthalten. An erster Stelle ist hier die Annahme einer statischen Wirklichkeit zu nennen, einer Welt der Dinge. So, wie sie von einem außen stehenden, d. h. von ihnen unterscheidbaren, Schöpfer kreiert worden sind, kann nun der Mensch als außen stehender Beobachter versuchen, sie in ihrem „Wesen" zu erkennen. Dieses ist durch ihre *wesentlichen* (!) Eigenschaften charakterisiert.

Will man das cartesianische Erkenntnismodell zusammenfassen, so lässt sich zunächst feststellen, dass es von einer Welt ausgeht, die *so ist, wie sie ist.* Sie ist als Ganzes von Gott geschaffen, wie eine Maschine von einem Ingenieur konstruiert und aus Einzelteilen zusammengebaut. Ihre Elemente sind einzelne Dinge, zusammengesetzt aus kleinsten Körpern, die in ihren Eigenschaften nicht aufeinander zurückzuführen sind. Diese Maschine bewegt sich zwar, ihre Mechanismen sind jedoch statisch und unveränderlich. Die Wechselbeziehungen dieser in ihrem Wesen unabhängig voneinander existierenden Objekte sind durch mechanische Gesetze bestimmt. Ursache und Wirkung sind *geradlinig* miteinander verknüpft, sodass die Ursache die Wirkung determiniert.

Der Geist, der nach Erkenntnis strebt, steht dieser Maschine gegenüber. Seine Beobachtungen haben – so das Modell – im Prinzip keinen Einfluss auf die beobachteten materiellen Prozesse. Den Regeln der Mechanik draußen in der Welt entsprechen die Regeln der Vernunft drinnen im Geist des erkennenden Subjekts. Die Wahrheit kann nur durch das Befolgen dieser Regeln gefunden werden. Erkenntnis ist – wenn sie gelingt – ein Abbild der Wirklichkeit. Das Erkenntnisideal ist „Objektivität", d. h., unterschiedliche Beobachter, die dasselbe Objekt untersuchen, sollten zu denselben Ergebnissen kommen, weil ihre Aussagen von den Eigenschaften des Objekts und nicht von der Prozedur der Beobachtung oder den Eigenarten des Beobachters bestimmt werden. Angestrebt werden Berechenbarkeit und Vorhersagbarkeit der nach den Gesetzmäßigkeiten eines Uhrwerks funktionierenden Welt.

Um Missverständnissen vorzubeugen: Dieser – auch „Reduktionismus" genannte – Wissenschaftsansatz lieferte die Grundlage für den seit der Aufklärung unaufhaltbar scheinenden Siegeszug der westlichen Wissenschaften. Er war (und ist immer noch) in vielen Bereichen sehr erfolgreich. Aber er beruht auf Vorannahmen, die der Komplexität der Welt, vor allem lebender, psychischer und sozialer Systeme, nicht gerecht werden.

Aus erkenntnistheoretischer Sicht ist der größte Vorzug des Reduktionismus auch sein größter Nachteil. Mit seiner Trennung von Res cogitans und Res extensa hat Descartes Beobachter und beobachtetes Objekt voneinander getrennt. Durch diesen Schachzug hat er verhindert, dass irgendwann einmal die Res cogitans selbst zum Gegenstand der Erkenntnis gemacht werden könnte. Wenn die Begriffe eingeboren sind und Gott dafür sorgt, dass die Beziehung zwischen ihnen und ihrer Bedeutung angemessen ist, so braucht man sich mit der Frage nach deren Verhältnis nicht mehr zu beschäftigen. Das Problem der Selbstbezüglichkeit der Erkenntnis, d. h. der Erkenntnis, die sich selbst zu erkennen sucht, taucht nicht auf. Und damit sind auch die Folgen, die mit derartigen Selbstbezüglichkeiten verbunden sein können, vermieden.

Descartes bzw. sein Denken sind hier an den Beginn gestellt worden, weil er wohl der prominenteste unter den Denkern ist, die unser westliches Weltbild geprägt haben. Sie alle stehen aber in der Tradition alteuropäischen Denkens, das seine Grundlagen der platonischen Philosophie, vor allem aber der aristotelischen Logik verdankt. Als rational wird dabei allein ein Argumentieren und Schließen akzeptiert, das den Regeln der zweiwertigen Logik folgt. Demnach sind Aussagen immer entweder wahr oder falsch, eine dritte Möglichkeit gibt es nicht (tertium non datur). Mit dieser dritten Möglichkeit wird man jedoch konfrontiert, wenn die Selbstbezüglichkeit von Aussagen erlaubt wird (z. B. wenn der Kreter Epimenides sagt: „Alle Kreter lügen!"). Aussagen können paradox sein. Durch Paradoxien wird die zweiwertige

Logik an ihre Grenzen geführt, denn paradoxe Aussagen sind immer gerade dann wahr, wenn sie falsch sind, und dann falsch, wenn sie wahr sind. Um sie zu vermeiden, ist die Trennung von Subjekt und Objekt der Erkenntnis ein gangbarer Weg. Will man diese Spaltung jedoch überwinden und fragt man nach dem Zusammenhang zwischen Beobachter und beobachtetem Objekt, so wird man nach alternativen Erkenntnismodellen suchen müssen.

Systemtheorie und Konstruktivismus, die beiden theoretischen Modelle, die gemeinsam die Grundlagen für das liefern, was als „systemisches Denken“ bezeichnet wird, können hier Antworten geben. Die Systemtheorie beschäftigt sich gewissermaßen mit der „Welt der Objekte“; aber sie isoliert sie nicht aus ihren realen Zusammenhängen, sondern setzt sie in Beziehung zueinander. Und der Konstruktivismus beschäftigt sich mit dem menschlichen Erkennen, Denken, Urteilen. Nur sieht er diese Vorgänge nicht getrennt von der zu erkennenden Welt, sondern als Teil von ihr, d. h., er versucht den Blick auf die Wechselbeziehungen zwischen beidem, Erkenntnis und Erkanntem, zu richten.

1.2 Systemisches Denken = systemtheoretisches Erklären

In nahezu allen traditionellen Wissenschaftsbereichen hat in der Zeit nach dem zweiten Weltkrieg ein neuartiges Paradigma (im Sinne der von Thomas Kuhn 1962 analysierten „wissenschaftlichen Revolutionen“) seinen Siegeszug angetreten. Die Namen, mit denen die jeweiligen Theoriegebäude belegt wurden, unterscheiden sich von Fachdisziplin zu Fachdisziplin (Kybernetik, Systemtheorie, Kommunikationstheorie, Chaostheorie, Komplexitätstheorie u. v. m.), aber allen gemeinsam ist ein Wandel der Perspektive, der es verdient, als revolutionär bezeichnet zu werden: Es wird eine radikal andere Art von Erklärungen für die beobachteten Phänomene konstruiert, d. h., Kausalität wird neu konzeptualisiert.

Wenn man nach einer Definition sucht, wodurch sich das „systemische Denken“ von anderen Formen des Denkens (z. B. unserem westlichen Alltagsdenken oder dem Denken der newtonschen Physik) unterscheidet, so kann man sagen: *Systemisches Denken verwendet Erklärungen, die sich aus der Systemtheorie ableiten lassen*, und das heißt konkret: *An die Stelle geradlinig-kausaler treten zirkuläre Erklärungen, und statt isolierter Objekte werden die Relationen zwischen ihnen betrachtet.*

Wenn aus diesen anders strukturierten Erklärungen alternative und manchmal auch überraschende Handlungskonsequenzen gezogen werden, so wird dies meist als „systemisches Handeln“ bezeichnet (wie dies beispielsweise in den Begriffen „systemisches Management“, „systemische Therapie“ oder „systemische Beratung“ der Fall ist). Allerdings, das sei hier angemerkt, ist die in dieser Begrifflichkeit enthaltene Art der Zuschreibung der Eigenschaft „systemisch“ zu Handlungen problematisch. Denn Handlungen „an sich“ können zwar bestimmte Wirkungen haben oder auf Motive zurückzuführen sein, die der Beobachter dann auch bewerten kann, aber sie „sind“ genauso wenig systemisch, wie sie katholisch oder grün „sind“. Aufgrund welcher Merkmale der Unterscheidung wollte man einer Handlung derartige Eigenschaften denn auch zuschreiben? Ganz anders sieht es bei der Begründung oder Erklärung von Handlungen aus. Sie können in dem Sinne systemisch sein, dass sie aus systemtheoretischen Überlegungen abgeleitet werden.

Um dies zu verdeutlichen, hilft ein Blick zurück auf die Entwicklung des systemtheoretischen Modells. Die aus ihm erwachsenen Fachgebiete zeigen einen „transdisziplinären“ Charakter. Durch ihre neue Sichtweise überschreiten sie die Grenzen der herkömmlichen Einzeldisziplinen (ohne sie zu missachten) und entwickeln Fragestellungen, die gewissermaßen quer zu diesen Fachgrenzen verlaufen.

Wenn dieses Paradigma auch als „kybernetisch“ bzw. als „Kybernetik“ bezeichnet wird, so geschieht dies deswegen, weil damit ein Name gewählt ist, der (neben „Systemtheorie“) wahrscheinlich am besten das Erkenntnisinteresse dieses Ansatzes benennt. Es geht um die Steuerung von Verhalten, unabhängig von der Materialität des jeweils untersuchten Gegenstandes (griech. *kybernetes* = Steuermann). Der Begriff stammt von Norbert Wiener und wurde in den Wissenschaften in den 50er-Jahren des vorigen Jahrhunderts populär, nachdem in den Jahren 1946 bis 1953 mehrere von der Macy Foundation gesponserte, multidisziplinäre „Konferenzen zur Kybernetik“ stattgefunden hatten (vgl. Heims 1991).

Zunächst schien die Fragestellung nach der Steuerung von Verhalten nicht sonderlich revolutionär, und ihre Bearbeitung entwickelte sich ganz in der Tradition des cartesianischen Weltbildes. Allerdings konnte die Untersuchung nicht mehr allein auf irgendein Objekt begrenzt werden, da Verhalten meist in einem interaktionellen Kontext stattfindet. Untersucht werden mussten also „zusammengesetzte Einheiten" oder, anders formuliert: Systeme (griech. *syn* = zusammen, *histanai* = stellen, setzen, legen), die durch das Zusammenwirken einer Vielzahl von Elementen gebildet wurden. Vorausgesetzt wurde, dass der Beobachter das untersuchte Objekt (das System) aus der Außenperspektive wahrnimmt (Subjekt-Objekt-Spaltung der Erkenntnis). Man untersuchte nun eben keine isolierten, einzelnen Objekte oder Gegenstände, sondern Systeme. Es waren aus mehreren Teilen zusammengesetzte Einheiten („Ganzheiten"), deren Eigenschaften „emergent", d. h. nicht durch die schlichte Addition der Eigenschaften ihrer Teile herstellbar, waren; und ihr Funktionieren war nicht durch die analytische Aufklärung einer zeitlichen Abfolge von Ereignissen zu erklären. Hier gelangte man an die Grenzen geradliniger (linealer) kausaler Erklärungen.

Das Modell der geradlinigen Kausalität lässt sich grafisch folgendermaßen illustrieren:

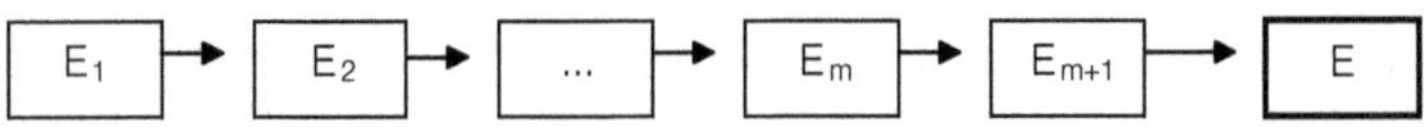

Abb. 1

Allgemeine Gesetze in Verbindung mit Ereignissen ($E_1, \ldots, E_{m+1}$) in der Vergangenheit bilden die Ursache für ein Ereignis E.

Die Regelung von Verhalten, sei es von Automaten, Organismen oder Gruppen menschlicher Individuen, ist aber erst dann erklärbar, wenn man Rückkopplungsprozesse beobachtet. Verhalten wirkt auf den weiteren Verlauf des Verhaltens ein und korrigiert sich (gewissermaßen) selbst, indem Störungen und Abweichungen von irgendeinem Sollwert ausgeglichen oder verstärkt werden.

Ganz allgemein formuliert: Die Verknüpfung zwischen einem bestimmten *Typus* von Zustand oder Ereignis E und anderen Ereignissen oder Zuständen ($E_1, \ldots, E_{m+1}$) muss so sein, dass sich eine Kreisstruktur bildet. Diese anderen Ereignisse ($E_1, \ldots, E_{m+1}$) sind dann nicht nur die hinreichenden (eventuell auch notwendigen) Bedingungen für E, sondern E ist umgekehrt auch eine Bedingung für $E_1, ..., E_{m+1}$. Es bildet sich ein Zirkel, ein Regelkreis, dessen Elemente gegenseitig die Bedingungen ihres Verhaltens bestimmen. Die stattfindenden Ereignisse oder Zustände lassen sich durch ein Gesetz beschreiben, durch das ursächliche und bewirkte Ereignisse rekursiv, d. h. im Kreise zurücklaufend, miteinander verknüpft sind. Ihre Interaktion ist so organisiert, dass beide sich gegenseitig stabilisieren oder destabilisieren.

Diese „zirkuläre" Form der Kausalität lässt sich folgendermaßen illustrieren:

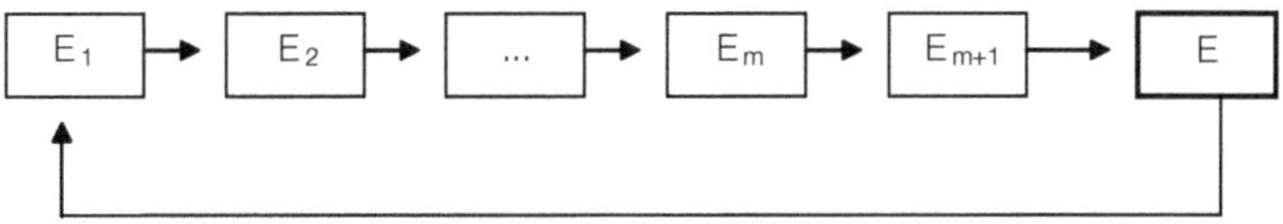

Abb. 2

Meist ist solch ein Kreis natürlich erheblich weiter gezogen; es sind eine ganze Menge solcher Ursachen und Wirkungen beteiligt, sodass schließlich der Überblick verloren geht, weil die Strukturen und das *Netzwerk* der Wechselbeziehungen einen zu hohen Komplexitätsgrad erreichen. Dennoch kann auch bei solch sehr viel komplexeren dynamischen Systemen eine *zirkuläre* Organisationsform der Prozesse beschrieben werden, in der die Ereignisse und Zustände, die das System bilden, eine selbstbezügliche („selbstreferenzielle") Wirkung entfalten. An die Stelle geradliniger Ursache-Wirkungs-Erklärungen müssen *zirkuläre Ursache-Wirkungs-Erklärungen* gesetzt werden.

Um das Ganze etwas weniger abstrakt zu formulieren: In einem System, dessen Teile oder Elemente miteinander vernetzt sind und in Wechselbeziehung stehen, ist die Frage, was Ursache und was Wirkung ist, nicht objektiv entscheidbar. Es ist die Henne-Ei-Problematik, die vom Beobachter durch „Interpunktion" (vgl. Bateson 1972, S. 228), d. h. durch die mehr oder weniger willkürliche Setzung des Anfangs und Endes der jeweils beobachteten Sequenz, bestimmt wird. Beginnt er seine Beobachtung beim Ei, so kann er ihm die Ursache für die Entstehung der Henne zuschreiben, beginnt er bei der

Henne, so kann er ihr die Ursache für die Entstehung des Eis zuschreiben usw.

Das Erkenntnisinteresse des kybernetisch-systemischen Ansatzes verschiebt sich dementsprechend von den Dingen oder Objekten und ihren Eigenschaften hin zu den Mustern ihrer funktionellen Koppelung und den damit verbundenen *emergenten*, d. h. neu entstehenden, nicht auf die Eigenschaften der Elemente zurückführbaren, Eigenschaften. Das Ganze erweist sich nicht nur als mehr, sondern als etwas qualitativ anderes als die Summe der Teile.

Wenn Kybernetik und Systemtheorie es auch nicht erlauben, Ursache-Wirkungs-Beziehungen im herkömmlichen Sinne festzustellen, so ermöglichen sie es doch, logische Verknüpfungen und Gesetzmäßigkeiten (Wenn ..., dann ...) zu beschreiben. Im Unterschied zur geradlinig-kausalen Erklärung wird dabei nicht einem Ereignis oder Zustand und auch nicht dem Verhalten eines Elements des untersuchten Systems die „Verantwortung“ in Bezug auf andere Ereignisse und Zustände oder die Verhaltensweisen der anderen Elemente eines Systems oder die „Schuld“ (um hier schon eine Begrifflichkeit einzuführen, die für die Anwendung in sozialen Systemen Bedeutung gewinnt) zugeschrieben. Es wird eine Ganzheit betrachtet, deren Elemente in einem Netzwerk von Wechselbeziehungen miteinander verbunden sind, in dem jedes die Bedingungen aller anderen bestimmt. Untersuchungsgegenstand sind dementsprechend Strukturen und Funktionen, d. h. die Beziehungen und Positionen von Elementen zueinander innerhalb eines Gesamtgefüges, die Regeln ihrer Interaktion und Kommunikation sowie die Gesetzmäßigkeiten der Stabilisierung und Veränderungen von Systemzuständen und -strukturen.

Die Tatsache, dass systemische Konzepte abstrakt und nicht an bestimmte materielle Inhalte gebunden sind, ermöglicht ihre Anwendung in nahezu allen Wissenschaftsbereichen. Dennoch lassen sich prinzipielle Unterschiede zwischen der Dynamik *unbelebter* und *lebender* oder Lebensprozesse voraussetzender Systeme (wie etwa lebender Organismen, psychischer Systeme oder sozialer Systeme) feststellen. Daher empfiehlt es sich, Gemeinsamkeiten und Unterschiede ihrer Organisation genauer zu betrachten.

2 Vom Regelkreis zur Selbstorganisation

2.1 *Unterschiedliche Systemtheorien und die Logik ihrer Entwicklung*

Es gibt eine Vielzahl systemtheoretischer Variationen. Keiner der Versuche, eine „allgemeine Systemtheorie" zu formulieren (z. B. von Bertalanffy 1968), wurde dem Potenzial des Paradigmas gerecht. Vergleicht man die unterschiedlichen Ansätze, so lassen sich Gemeinsamkeiten und Unterschiede im Sinne einer impliziten Entwicklungslogik interpretieren.

Ausgangspunkt und gemeinsamer Nenner ist der Blick auf *zusammengesetzte Einheiten* (Systeme, Muster) und die Konstruktion von Erklärungen mithilfe *zirkulärer Kausalität*. Doch auf dieser Basis lassen sich unterschiedliche Theoriemodelle bauen, um der zunehmenden Komplexität der untersuchten Gegenstandsbereiche gerecht zu werden. Die Entwicklungsschritte der Systemtheorien und ihre zunehmende Komplexität lassen sich durch folgende Stichworte charakterisieren:

1. Stufe: Systeme sind aus vorgegebenen Elementen zusammengesetzt / Gleichgewichtsmodelle / Elemente des Systems sind unbelebte Einheiten.

2. Stufe: Systeme sind aus vorgegebenen Elementen zusammengesetzt / Ungleichgewichtsmodelle / komplexe Systeme / Elemente des Systems können belebte oder unbelebte Einheiten sein.

3. Stufe: Systeme produzieren die Elemente, aus denen sie zusammengesetzt sind und von denen sie produziert werden, selbst / Organismen, psychische Systeme, soziale Systeme / Elemente des Systems können materielle oder immaterielle Einheiten sein.

Am Anfang stand die Analyse bereits existierender Systeme, sei es in der Technik, der Natur oder in der Kultur. Das bezog sich auf die Konstruktion von Automaten, die Analyse von komplexen Phänomenen in der Natur, das Studium der kulturellen Regeln fremder Völker oder auch auf die Spielregeln ökonomischer Prozesse. Doch es blieb nicht beim Studium der Strukturen solcher Systeme, d. h. des Status quo, sondern die Forschung und Modellbildung weitete ihre Fragestellung aus auf die *Entwicklungsbedingungen* solcher Systeme, auf die Prinzipien ihrer Genese. Das Resultat waren Theorien der *Selbstorganisation*. Auch sie sind abstrakt und transdisziplinär, und ihre Vertreter beanspruchen deren universelle Gültigkeit:

„Selbstorganisation ist das dynamische Prinzip, das der Entstehung der reichen Formenwelt biologischer, ökologischer, gesellschaftlicher und kultureller Strukturen zugrunde liegt" (Jantsch 1979, S. 49).

2.2 Kybernetik erster Ordnung

Das einfachste und wohl jedem vertraute Beispiel für den ersten Typ von Systemtheorie und ihre praktische Anwendung liefert die Konstruktion von technischen Rückkopplungssystemen. Die dabei verwendeten Modelle werden heute als „Kybernetik erster Ordnung" bezeichnet. Ein zugegebenermaßen simples, deswegen wohl auch jedem vertrautes Beispiel liefert der Thermostat. Hier haben wir es mit vorgegebenen oder nach Plan herstellbaren Objekten und ihrem Verhalten zu tun.

In einem Raum befinden sich eine Heizung sowie ein Temperatursensor. Beide sind so gekoppelt, dass sie sich bzw. ihr Verhalten gegenseitig beeinflussen können – und damit in der Folge jeweils ihr eigenes Verhalten. Kühlt die Raumtemperatur ab, so reagiert der Sensor und leitet ein Signal der Veränderung an die Heizung weiter; diese springt an und erwärmt den Raum bis zu einem vorgegebenen Sollwert. Ist dieser erreicht, so reagiert wiederum der Sensor und sendet erneut ein Signal an die Heizung, diesmal allerdings mit der umgekehrten Wirkung: Die Heizung wird wieder abgeschaltet.

Nun weist solch ein System zwar einen ziemlich geringen Komplexitätsgrad auf, das Beispiel kann aber einen wesentlichen, paradox erscheinenden Aspekt ihrer Organisationsform illustrieren: Wo immer wir als Beobachter in solchen Systemen *Statik*, d. h. die Nichtveränderung von Parametern, beobachten, wie z. B. die Konstanz der Raumtemperatur, kann sie durch die *Dynamik rückgekoppelter* (rekursiver/

selbstreferenzieller) *Prozesse* erklärt werden. Das System ist in der Lage, einen homöostatischen Zustand einzuhalten, indem es Veränderungen der Umwelt bzw. seiner Randbedingungen aktiv ausgleicht.

Mithilfe von solchen Systemen kann versucht werden, bestimmte Parameter zielgerichtet zu beeinflussen und unter Kontrolle zu bekommen. Aus diesem Grunde sind die Konzepte der Kybernetik 1. Ordnung nicht nur in Managementkreisen zunächst mit großem Enthusiasmus aufgenommen worden, sondern auch in den Ländern des so genannten „real existierenden Sozialismus“. Was beide miteinander verband, ist die Idee der Kontrolle eines Systems bzw. seiner zielgerichteten Steuerung analog zu geradlinig-kausalen Ursache-Wirkungs-Beziehungen. Für die Managementtheorie stehen hier die frühen Arbeiten von Stafford Beer (1959). Und auch heute üben solche relativ wenig komplexen, aber immerhin eine zirkuläre Kausalität voraussetzenden Konzeptualisierungen der internen Prozesse von Unternehmen einen großen Reiz auf alle aus, die versuchen, solche Systeme „in den Griff“ zu bekommen. Wenn sie nur die internen Strukturen und Prozesse bzw. deren Regelhaftigkeit durchschauen, so können sie diese nutzen und für ihre Zwecke manipulieren. Das ist zweifellos keine unstatthafte oder falsche Vorannahme; allerdings erweist sich, dass es nicht nur nicht so einfach ist, derartige Prozesse zu durchschauen, sondern zu einem guten Teil prinzipiell unmöglich.

Immerhin lässt sich feststellen, dass die Kybernetik erster Ordnung in der Kontinuität des abendländischen Wissenschaftsverständnisses stand. An die Stelle der Beschreibung statischer Eigenschaften isolierter Objekte traten nun Regeln der Interaktion vernetzter Objekte, d. h. der Teile des Systems, die zu einem Gleichgewicht oder seinem Entgleisen führen. Der Beobachter blieb weiter außen stehend, und das Ideal objektiver, vom Beobachter unabhängiger Erkenntnis brauchte nicht infrage gestellt zu werden.

2.3 Theorie „dissipativer Strukturen“, Synergetik, Chaos- und Komplexitätstheorie

Für den nächsten Schritt der Entwicklung steht ein Typus von Systemen, der irgendwo in der Grauzone zwischen Leben und Nichtleben einzuordnen ist. Es geht dabei wieder um Systeme, deren Bestandteile als gegeben angesehen werden können. Allerdings kann ihr Verhalten nicht erklärt werden, wenn man sie isoliert von ihrer Umwelt betrachtet; und sie gelangen auch nicht zum Gleichgewicht, sondern sie entstehen überhaupt nur fern vom Gleichgewicht. Um die Zusammenhänge verständlich zu machen, genügt ein kurzer Blick auf Systeme, die von der Umwelt isoliert sind, wie sie die Physiker des 19. Jahrhunderts beschäftigten.

Nach dem *zweiten Hauptsatz der Thermodynamik*, dem so genannten Entropiesatz, nimmt die Unordnung eines jeden von der Umwelt isolierten Systems zu, bis schließlich ein thermodynamisches Gleichgewicht erreicht ist. In der Thermodynamik wird der Begriff Entropie zur Bezeichnung und Quantifizierung des Grads der *Unordnung* in einem komplexen System verwendet (ein Kunstwort, gebildet aus *En* als Abkürzung für Energie und dem griechischen Wort *trepein* = umwandeln, umkehren).

„Die so genannte Entropie eines isolierten Systems kann nur zunehmen, bis das System sein thermodynamisches Gleichgewicht erreicht hat. Es mag hier genügen, den komplexen Begriff der Entropie als Maß für jenen Teil der Gesamtenergie zu verstehen, der nicht frei verfügbar ist und nicht in einem gerichteten Energiefluss oder Arbeit umgesetzt werden kann. Mit anderen Worten, Entropie ist ein Maß für die Qualität der im System befindlichen Energie. Damit wird, im Gegensatz zur mechanischen Beschreibung, Irreversibilität (Nichtumkehrbarkeit) oder Gerichtetheit zeitlicher Abläufe als Kennzeichen dieser neuen Betrachtungsebene eingeführt. Jeder zukünftige makroskopische Zustand des isolierten Systems kann nur gleiche oder höhere Entropie aufweisen, jeder vergangene nur gleiche oder niedrigere als der gegenwärtige Zustand. Eine Umkehrung dieser Zustandsänderung ist nicht möglich“ (Jantsch 1979, S. 56 f.).

Demnach vollziehen sich irreversible, d. h. nicht umkehrbare, thermodynamische Änderungen in einem energetisch geschlossenen System. Energie wird im System verbraucht, in Wärme oder Arbeit verwandelt; und wenn aufgrund der Geschlossenheit gegenüber der Umwelt kein Energieaustausch mit dieser stattfindet, bewegt sich das System auf den Zustand größter Wahrscheinlichkeit zu: den Gleichgewichtszustand. Der Prozess der Entropieänderung lässt sich generell als eine Änderung der Zustände eines komplexen Systems hin zu Zuständen größerer Wahrscheinlichkeit definieren. Dabei werden zuvor bestehende Unterschiede und Differenzierungen des Systems aufgehoben. Dies beschreibt Boltzmann in seinem Ordnungsprinzip, das besagt, „dass der wahrscheinlichste Zustand, den ein System erreichen kann, derjenige ist, in dem die massenhaften Ereignisse, die gleichzeitig in dem System stattfinden, sich in ihrer Wirkung statistisch ausgleichen“ (Boltzmann, zit. n. Prigogine u. Stengers 1980, S. 133). Dies bedeutet, dass der *wahrscheinlichste* Zustand eines Systems ungeordnet und entdifferenziert ist. Verbunden damit ist ein höherer Grad der Unordnung. Das System strebt unabhängig von seinem Ausgangszustand einem energetischen Gleichgewichtszustand zu, in dem zuvor bestehende Asymmetrien aufgehoben werden und in dem kein Energiefluss stattfindet und keine Entropie mehr erzeugt wird.

Doch diese physikalischen Konzepte widersprechen offensichtlich der Alltagserfahrung der Entstehung und des Funktionierens realer Systeme, d. h. der alltäglichen Erfahrung von Ordnung und der Entstehung von Strukturen in fast allen Bereichen unserer Welt, sei sie nun belebt oder unbelebt. Mit dem Aufbau von Strukturen ist aber – der Theorie gemäß – die Abnahme von Entropie, d. h. von Unordnung, innerhalb des jeweiligen Systems verbunden. Zugespitzt formuliert heißt dies: Das System bewegt sich von einem wahrscheinlicheren zu einem *unwahrscheinlicheren* Zustand. Während der Entropiesatz nahe legt, dass sich innerhalb des Systems die Unterschiede ausgleichen und die Elemente sich entkoppelt voneinander, individuell bewegen (was dann nur noch statistisch zu erfassen ist), entstehen bei der Strukturbildung Unterschiede zwischen den Elementen, und ihr Verhalten ist relativ fest aneinander gekoppelt. Man kann auch sagen: Das System durchläuft einen Prozess, in dem „negative Entropie“ produziert wird. Hier ergibt sich eine Brücke zur Kommunikationstheorie, denn diese Abnahme von Entropie kann als Maß für Information *(formation within)* betrachtet werden. Zumindest tun Shannon und Weaver (1949) dies in ihrer technischen Informationstheorie. Sie zeigen, dass das statistische Maß für negative Entropie dasselbe ist wie für Information: ein Maß für die Anzahl von Binärentscheidungen. Schrödinger (1967) nennt diese Größe dann „Negentropie“. Durch die Bildung von Negentropie entstehen in einem System Asymmetrien, und Symmetriebrüche sind die Grundlage jeder Strukturbildung.

Information, Negentropie, Symmetriebrüche spielen also eine wesentliche Rolle bei der Erklärung der Tatsache, dass unsere Welt – aller Wahrscheinlichkeit zum Trotz – geordnet erscheint. Es stellt sich dabei als Nächstes die Frage, wie die Bildung von Unterschieden, die für den Beobachter einen Unterschied machen, zu erklären ist – zunächst in der unbelebten Welt, in der Folge aber auch im Bereich des Lebens und in psychischen oder sozialen Systemen.

Wenn energetisch offene Systeme untersucht werden, die zu einem Energieaustausch mit ihrer Umwelt in der Lage sind, lassen sich Prozesse beobachten, die schon einige Aspekte von Lebensprozessen aufzuweisen scheinen, obwohl sie noch weit davon entfernt sind, lebendige Ordnungen zu produzieren.

Es sind Strukturen, die nur fern vom thermodynamischen Gleichgewicht zur Existenz gelangen. Eine große Menge von Molekülen, in einer Flüssigkeit etwa, entwickeln unter bestimmten Bedingungen ein koordiniertes Verhalten und damit eine gemeinsame Ordnung. Voraussetzung dafür ist, dass sie „Energie verbrauchen". Der für seine Arbeiten später mit einem Nobelpreis ausgezeichnete Physiker und Chemiker Ilya Prigogine nannte diesen Typus von Gebilden „dissipative Strukturen" (lat. *dissipare* = zerstreuen, vernichten). Ihre Entstehung ist unabdingbar an die Zuführung von Energie aus der Umwelt gebunden. Diese Energie wird von ihnen irreversibel umgesetzt („dissipiert"), und dabei entsteht aus dem Chaos sich individuell bewegender Einheiten eine geordnete, gemeinsam gebildete Struktur.

Während in einem System (z. B. einer Flüssigkeit), das sich in der Nähe des thermodynamischen Gleichgewichts befindet, die Bewegung einzelner Moleküle inkohärent und von Zufall bestimmt ist (die Flüssigkeit ist homogen), kommt es bei der Bildung dissipativer Strukturen zum Symmetriebruch und zur Koordination des Verhaltens der Moleküle. Es entsteht ein kollektiv gebildetes Bewegungsmuster (Prigogine u. Stengers 1993, S. 86 ff.).

Der entscheidende Faktor, der diese Ordnungsbildung einleitet und aufrechterhält, ist die Zuführung von Energie aus der Umwelt, und sie bleibt nur erhalten, solange dieser Dissipationsprozess fortgesetzt wird.

„Unter gleichen Randbedingungen können viele verschiedene dissipative Strukturen auftreten. Das beruht auf dem nichtlinearen Charakter der gleichgewichtsfernen Situationen. Geringfügige Unterschiede können weit reichende Auswirkungen haben. Die Randbedingungen stellen daher *notwendige, aber nicht hinreichende Bedingungen* für das Auftreten einer Struktur dar. Wir müssen die jeweiligen Prozesse berücksichtigen, die dazu führen, dass von mehreren möglichen Strukturen eine bestimmte ‚gewählt‘ wird. Das ist einer der Gründe, warum wir solchen Systemen eine gewisse ‚Autonomie‘ oder ‚Selbstorganisation‘ zuschreiben müssen“ (Prigogine u. Stengers 1993, S. 90 f.).

Dass dissipative Strukturen irgendwo in der Grauzone zwischen lebenden und nichtlebenden Systemen eingeordnet werden, hat seinen Grund darin, dass hier schon einige Merkmale zu beobachten sind, die sich auch bei lebenden Systemen zeigen. Zum Ersten ist das Prinzip der Selbstorganisation zu nennen. Es entstehen organisierte Muster der Interaktion von identifizierbaren Einheiten (Elementen oder Teilen), die ihr Verhalten miteinander koordinieren und sich zu einem übergeordneten Aktivitätsmuster zusammenfinden, sodass für den Beobachter Strukturen wahrnehmbar werden. Es hat den Anschein, als ob die Elemente miteinander kommunizieren und ihre Verhaltensweisen aufeinander abstimmen würden.

Die Sprache, mit deren Hilfe diese Prozesse hier besprochen werden, zeigt schon aufgrund ihrer impliziten Metaphorik, dass hier Analogien zu menschlichem Verhalten, zu Sozialverhalten, beobachtbar sind. Dennoch ist bei derartigen Organisationsprozessen kein handelndes, planendes oder koordinierendes bzw. organisierendes Subjekt, kein Organisator, am Werke, sondern die Strukturen entstehen allein durch das Wechselspiel der wirksamen Kräfte. Die Interaktion der Teile führt dazu, dass das durch sie gebildete Ganze Eigenschaften aufweist, die nichts mehr mit den Eigenschaften der Teile zu tun haben (Emergenz von Strukturen und Eigenschaften). Dieses als *Selbstorganisation* bezeichnete Prinzip kennzeichnet auch die Entwicklung lebender und sozialer Strukturen. Eine zweite Gemeinsamkeit ist die Notwendigkeit der Zufuhr von Energie, damit die aktiv gebildeten Strukturen erhalten bleiben. Voraussetzung für die Konstanz und vermeintliche Statik der zu beobachtenden Strukturen ist eine charakteristische Dynamik; und das ist hier wie auch bei Lebensprozessen (unter anderem) die Zuführung von Energie.

Ein ähnliches, ebenfalls auf lebende und nichtbelebte Systeme angewandtes Modell der Selbstorganisation stammt von dem Physiker

Hermann Haken, der es *Synergetik* genannt hat (griech. *syn* = zusammen und *ergon* = Werk, Arbeit). Er versteht sein Modell als interdisziplinären Ansatz, der seine Anwendungsfelder in der Physik, der Chemie, Biologie, Computerwissenschaft, aber auch in den Sozialwissenschaften, den Wirtschaftswissenschaften und der Wissenschaftstheorie hat. Auch hier geht es um die Übergänge von Chaos zu Ordnung, um den Übergang vom Verhalten einer großen Zahl individueller Einheiten, das allein mit statistischen Verfahren zu beschreiben ist, zur Bildung übergeordneter Einheiten, die durch das aufeinander abgestimmte Verhalten ihrer Teile oder Elemente gebildet werden und ihrerseits das Verhalten dieser Teile oder Elemente steuern.

Hermann Haken beschreibt dies so: „(...) die spontane Entstehung geordneter Strukturen in offenen Systemen (ist) kein Einzelfall, sondern ist in Natur und Technik weiter verbreitet. Dies führte mich dazu, ein interdisziplinäres Forschungsgebiet zu begründen, das ich Synergetik nannte und das sich als erstes der systematischen Behandlung derartiger Übergänge von mikroskopischem Chaos zu makroskopischer Ordnung widmete. Wie die (...) Theorie zeigte, wird die Ordnung in den verschiedenen Systemen durch ganz bestimmte Veränderliche, die sogenannten Ordner, bestimmt. Im Beispiel des Laserlichts ist die Lichtwelle ein solcher Ordner. Diese kann die Bewegung der Elektronen in den Atomen in ihren Bann zwingen, (...) sie versklavt die Atome. Umgekehrt kommt das Lichtfeld erst durch die Lichtausstrahlung der Atome zustande, so dass wir eine zirkuläre Kausalität vor uns haben. Das Verhalten des einen bedingt das Verhalten des andern“ (Haken 1981, S. 67 f.).

Die Ordnungsparameter und das Versklavungsprinzip sind wichtige Schlüsselbegriffe der Synergetik. Nach dem Versklavungsprinzip der Synergetik wird das Verhalten der einzelnen Systemelemente durch jeweils einige wenige Ordnungsparameter bestimmt. Sie reduzieren die Freiheitsgrade der Elemente drastisch. Die Ordnungsparameter werden als langsam veränderliche Größen verstanden, die von ihnen kontrollierten Elemente dagegen als schnell veränderlich. Ordnungsparameter können sich auch neu entwickeln und zu Instabilitäten (so genannten Nichtgleichgewichts-Phasenübergängen) führen, die dann in eine neue Struktur umschlagen.

Die Synergetik ist eine Theorie dynamischer Systeme, die z. B. in der Soziologie auf die Modellierung revolutionärer Veränderungen und ihrer Neustrukturierung oder in der Ökonomie auf Konjunkturschwankungen angewandt wird.

Ein Problem der verwendeten Terminologie ist allerdings, dass sie implizit die Vorstellung handelnder Subjekte („Ordner“, „Versklavung“) suggeriert, obwohl es eigentlich allein um höchst abstrakte, mathematische Modellbildungen geht.

Die in den letzten 20 bis 25 Jahren entstandenen Selbstorganisationstheorien haben ihre Entwicklung und ihre weite Verbreitung der Tatsache zu verdanken, dass mit der explosionsartigen Zunahme der Rechenkapazität von Computern plötzlich Gleichungssysteme in kürzester Zeit berechenbar wurden, deren Berechnung noch vor wenigen Jahrzehnten die Lebenszeit aller weltweit verfügbaren Mathematiker überschritten hätte. Nun ließen sich auf einmal Programme schreiben, die innerhalb von Minuten oder bestenfalls Stunden zu Ergebnissen führten. Das heißt, es wurde möglich, mit formalen Modellen zu arbeiten, deren Anwendung sich bis dahin schon aus rein pragmatischen Gründen verboten hatte.

Das grundlegende Prinzip von Selbstorganisationsprozessen, d. h. der aktiven Herstellung und Aufrechterhaltung von Strukturen, ist die Wiederholung der immer wieder gleichen Typen von Operationen oder Aktivitäten (z. B. die Energiezufuhr bei dissipativen Strukturen oder die Wirkung irgendwelcher, in der Synergetik als „ordnende Parameter“ bezeichneter Variablen). Dies lässt sich mathematisch gut abbilden. Es ist das Prinzip der Selbstbezüglichkeit von Prozessen, bei denen eine charakteristische Art von Operation vollzogen wird und an deren Ergebnis wieder diese Operation vollzogen wird und an deren Ergebnis wieder diese Operation vollzogen wird und ... usw. Es lässt sich durch *rekursive Funktionen* darstellen und simulieren. Ihr Konstruktionsprinzip (und damit auch das von Selbstorganisationsprozessen) lässt sich an folgendem Beispiel illustrieren.

Beginnen wir bei einer ersten Operation (Op) an einem Ausgangswert (x_0), was sich formelmäßig darstellen lässt als Op (x_0). Das Ergebnis dieser Operation ist x_1. Als Gleichung ausgedrückt, sieht das dann so aus.

$$x_1 = Op\ (x_0)$$

d. h., x_1 ist das Ergebnis der Operation an x_0. Wenn nun derselbe Typ von Operation (Op) an dem Ergebnis der ersten Operation vollzogen wird, d. h. Op (x_1), was ja seinerseits das Ergebnis der Operation an der Operation an x_0 war, d. h. Op (Op (x_0)), dann ergibt sich als Resultat x_2. Wieder als Gleichung dargestellt:

$$x_2 = Op\ (x_1) = Op\ (Op\ (x_0)).$$

Dieses Prinzip, dass nämlich die Operationen am Ergebnis der Operationen *anschließen*, zeichnet rekursive Funktionen aus. Setzt man die Reihe fort, so stellt sich dies folgendermaßen dar:

$$x_3 = Op\ (x_2) = Op\ (Op\ (Op\ (x_0)))$$
$$\ldots$$
$$x_n = Op\ (Op\ (Op\ (Op\ (Op\ \ldots\ x_0)))).$$

Wenn nun die unendliche Folge von Operationen an Operationen an Operationen ... durch x bezeichnet wird, so ergibt sich die selbstbezügliche Funktion:

$$x_\infty = Op\ (x_\infty).$$

Auf beiden Seiten des Gleichheitszeichens steht derselbe Wert, vor der Operation ist nach der Operation, vor dem Energiezufluss zur dissipativen Struktur ist nach dem Energiezufluss ist vor dem Energiezufluss ist nach dem Energiezufluss ist vor dem Energiezufluss usw. Es ist ein so genannter *iterativer* (lat. *iterare* = wiederholen) Prozess (vgl. Abb. 3).

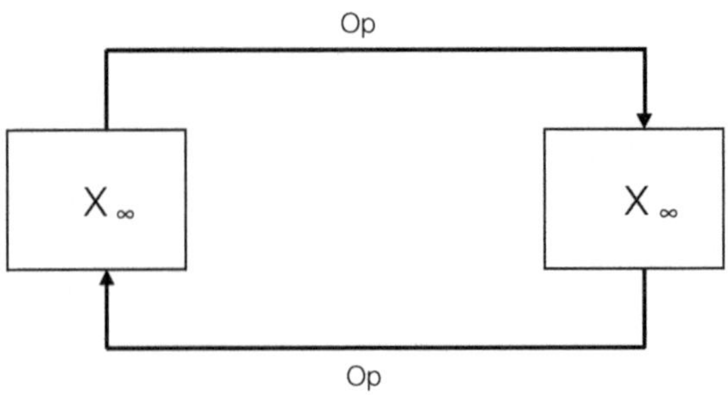

Abb. 3

Bei der Berechnung solch rekursiver Funktionen mithilfe moderner Computer erwies sich, dass manche Operationen nicht unendlich fortgeführt werden konnten, sondern auf einen bestimmten, stabilen Wert hin tendierten. Die Fortführung der Operationen nach Erreichen dieses Wertes änderte diesen nicht mehr, d. h., die weiteren Operationen sorgten nur für die Reproduktion des jeweiligen Wertes. Da sich solche Gleichungssysteme auf diese Werte hinzubewegen schienen, von welchem Ausgangswert sie auch gestartet sein mochten, und sie gewissermaßen von ihnen „angezogen“ wurden, wurden derartige Werte *Attraktoren* genannt. Sie bilden stabile Gleichgewichtspunkte, in denen das System Ruhe zu finden scheint.

Auch dies ist natürlich eine problematische Metapher, da hier niemand wirklich zieht, sondern es ist lediglich auf die Eigenschaft der durch solche Gleichungen beschriebenen funktionellen Zusammenhänge zurückzuführen, dass die Operationen zu einem charakteristischen Wert führen. In einer etwas anderen Terminologie wird dafür der weniger zu Missverständnissen einladende Begriff *Eigen-Wert* verwendet (von Foerster 1976).

Das Funktionsprinzip, das durch die dargestellte, simple Gleichung illustriert werden sollte, ist das der *Anschlussnotwendigkeit* von Operationen an Operationen in selbstorganisierten, dynamischen Systemen. Auch wenn es in der mathematischen Form vielleicht noch nicht gleich deutlich wird: Das Prinzip des Erhalts solcher Werte oder Strukturen (z. B. x_∞) beruht auf der Wiederholung eines bestimmten Typs von Operationen (Op). In dynamischen Systemen gibt es keine Statik, ohne dass diese aktiv aufrechterhalten wird, d. h., ohne dass Prozessmuster immer wieder realisiert werden. Es handelt sich um eine Art Wiederholungszwang (nur dass es niemanden gibt, der irgendwen zwingt, weil das Ganze das Resultat von Selbstorganisation ist).

Durch die bis dahin unvorstellbaren, neuen Möglichkeiten von Computersimulationen konnte die Entwicklung der Selbstorganisationstheorien in vollkommen neue Bereiche geführt werden. Diese Theorien hatten auch weit reichende Auswirkungen auf bis dahin nicht hinterfragte, erkenntnistheoretische Vorannahmen und damit auf unser gesamtes Weltbild. Einer breiteren Öffentlichkeit sind sie unter dem Namen *Chaostheorie* bekannt geworden. Allerdings ist sie eigentlich nicht so sehr eine Theorie der Entstehung von Unordnung (das auch), sondern eher der Entstehung von Ordnung. Aber beides sind die Seiten derselben Medaille, das eine ist nicht ohne das andere zu erklären. Wird der Schwerpunkt auf die Seite der Unordnung gelegt, so wird meist von Chaostheorie gesprochen; geht es um die Entstehung von Strukturen, so ist meist von der *Komplexitätstheorie* die Rede.

Ein beide Theorien verbindender Aspekt ist der, dass sie eine weitere traditionelle Vorannahme über Kausalität ad absurdum führen. Diese Annahme unterstellte stillschweigend, dass *gleiche* Ursachen *gleiche* Wirkungen haben (das „schwache Kausalitätsprinzip"). Die weiter gehende, aber dennoch meist unhinterfragt akzeptierte Annahme lautete, dass *ähnliche* Ursachen zu *ähnlichen* Konsequenzen führen und kleinere Abweichungen in den Ausgangsbedingungen zu kleinen Abweichungen der Ergebnisse führen (das „starke Kausalitätsprinzip"). Nur deshalb konnte gefordert werden, dass experimentelle Ergebnisse sich reproduzieren lassen müssen, um als wissenschaftlich tragfähig akzeptiert zu werden.

Doch in komplexen Systemen ist diese Grundannahme nicht aufrechtzuerhalten. So lässt sich z. B. sogar in der klassischen Mechanik demonstrieren, dass unter bestimmten Bedingungen selbst minimale Abweichungen der Startbedingungen eines Systems zu völlig unterschiedlichen, ja gegensätzlichen Folgen führen können. Dadurch werden solche Systeme in ihrer Entwicklung nichtvorhersehbar. Das Ideal einer berechenbaren Welt wird dadurch in Frage gestellt.

Solche unkalkulierbaren Ursache-Wirkungs-Zusammenhänge sind das zentrale Forschungsfeld von Chaos- und Komplexitätstheorie. Sie verschieben den Fokus von der Voraussagbarkeit und damit Kontrollierbarkeit zur Komplexität und Nichtbeherrschbarkeit von Phänomenen. Was die untersuchten chaotischen Zustände auszeichnet, ist der Umstand, dass sie nicht die Art der Unordnung repräsentieren, mit der jeder rechnet. Wir erwarten sie, wenn wir z. B. nicht alle relevanten Regeln, nach denen ein System funktioniert, kennen. Hier jedoch haben wir es mit einem „deterministischen Chaos" zu tun. Es ist eine Form des Ordnungsverlustes, der entsteht, *obwohl* das System in seinem Verhalten vollständig durch bekannte Regeln bestimmt wird.

Unserer „starken" kausalen Erwartung, dass kleine Änderungen kleine Wirkungen haben und große Änderungen große Wirkungen, entspricht mathematisch eine lineare Funktion. Sie lässt sich durch eine *gerade Linie* in einem Koordinatensystem abbilden (daher „lineare Funktion“), die zeigt, dass die Änderungen beider Variablen proportional erfolgen. Die Dynamik komplexer Systeme lässt sich nicht mithilfe derartiger linearer, sondern nur mit nichtlinearen Funktionen darstellen und mathematisch beschreiben. Bei ihnen können minimale Änderungen der unabhängigen Variablen zu überproportionalen Veränderungen der abhängigen Variablen führen.

Die Chaostheorie beruht im Wesentlichen auf drei Axiomen: Das erste ist, dass chaotische Systeme in ihrem Verhalten zwar streng deterministisch sind (d. h., ihr Verhalten ist vollkommen durch Gesetze und Regeln bestimmt), dass aber – zweites Axiom – ihr Verhalten trotzdem praktisch unberechenbar ist, weil aufgrund der unüberschaubaren Menge und Schnelligkeit von Rückkopplungsprozessen minimale Veränderungen der Ausgangsbedingungen maximale Auswirkungen haben können. Das dritte Axiom ist, dass in chaotischen Systemen nicht einfach Zufall produziert wird, sondern dass sich in derartigen dynamischen Systemen Muster und Ordnungen bilden können (die bereits erwähnten *Attraktoren*), wenn sie sich selbst überlassen, d. h. von der Umwelt isoliert, sind.

Insgesamt ist dabei die Ausbildung unterschiedlicher Ordnungsformen beobachtbar, die sich vor allem durch ihr Verhalten in Zeit und Raum unterscheiden lassen. Es gibt Systeme, die nur über einen einzigen Gleichgewichtspunkt verfügen („Punktattraktor“); wenn sie ihr Gleichgewicht erreicht haben, so erhalten sie ihre Ordnung und sind nicht zur Veränderung dieser Ordnung in der Lage. Ein anderer Typus von Gleichgewicht besteht darin, dass das System zwischen unterschiedlichen Gleichgewichtszuständen periodisch wechselt und z. B. hin- und herpendelt, etwa in der Form einer Oszillation. Aber solche Perioden können auch einen kontinuierlichen Verlauf haben, sodass immer wieder dieselben Verhaltenszyklen durchlaufen werden („periodischer Attraktor“) oder ein Verlauf genommen wird, bei dem Zyklen durchlaufen werden, die sich von Mal zu Mal minimal unterscheiden und sich einer Gleichgewichtsform anzunähern scheinen, sie aber nie erreichen („seltsamer Attraktor“), oder es können Muster im Raum entstehen.

Die Möglichkeit des Absturzes ins Chaos ist aber nicht nur ein Risiko, mit dem zu rechnen ist, sie kann auch als Chance gesehen werden.

Denn die Komplexitätsforschung legt den Schluss nahe, dass selbstorganisierte, komplexe Systeme ihre Innovationsfähigkeit, Kreativität und Adaptationsfähigkeit gerade daher beziehen, dass sie „am Rande des Chaos“ operieren. Am „Rand des Chaos“ bedeutet, dass ein System sich in einem kritischen Zustand befindet, sodass die erwähnten kleinen Änderungen zu radikalen Wirkungen führen können.

„Systeme, die den kritischen Zustand erreicht haben, offenbaren eine sehr charakteristische Eigenschaft (...) Man stört ein solches System und erhält eine geringfügige Reaktion. Man stört es abermals, nicht stärker als zuvor, und das System bricht möglicherweise vollkommen zusammen. Man stört es viele Male und erhält, solange es sich im kritischen Zustand befindet, ein Spektrum von Reaktionen, die sich durch ein Potenzgesetz beschreiben lassen: Heftige Reaktionen sind selten, geringfügige Reaktionen häufig, und die intermediären Reaktionen liegen dazwischen.“ Illustrieren lässt sich diese Kritikalität durch einen Sandhaufen: „Man lasse einen dünnen Sandstrahl auf eine runde Scheibe rieseln. Langsam bildet sich ein Haufen, der bald den Rand erreicht. Der zunächst niedrige Haufen wird höher und höher, bis plötzlich weiterer Sand zunächst eine kleine Lawine auslöst, dann eine große und schließlich Lawinen jeder Größenordnung. Der Sandhaufen stellt zu dem Zeitpunkt, da er keinen zusätzlichen Sand mehr aufnimmt, das System dar, das sich im kritischen Zustand eingependelt hat. Und die Lawinen aller Größenordnungen, die durch Störungen gleicher Stärke (jeweils ein weiteres Sandkorn) hervorgerufen werden, entsprechen der Reaktionsverteilung nach dem Potenzgesetz: die Signatur eines Systems, das sich selbst in den kritischen Zustand gebracht hat. Vielleicht am Rande des Chaos“ (Bak zit. n. Lewin 1992, S. 83 f.).

Auch wenn diese Analogie noch viele Mängel aufweist, so illustriert sie doch gut, dass komplexe Systeme nicht dem starken Kausalitätsprinzip folgen. Sie sind dadurch charakterisiert, dass eine große Zahl von Elementen miteinander vernetzt ist, d. h., jedes Element agiert nicht nur *nicht* isoliert – unabhängig und unbeeinflusst von den anderen –, sondern es ist mit einer Vielzahl anderer Elemente *verbunden* (hohe *Konnektivität*), die es beeinflusst und die es beeinflussen. Da jede Intervention in solch ein System, an welchem Ort auch immer, aufgrund der sich ausbreitenden und potenzierenden Effekte langfristig nicht durchschaubare und nicht vorhersehbare Wirkungen hat, sind sie nicht wirklich zielgerichtet, von außen planbar und kontrollierbar. Selbstorganisiert entstehende Ordnungen würden stabil bleiben, wenn die Randbedingungen unverändert blieben. Da dies aber nicht der Fall ist, können Systeme ihre Kohärenz am besten in einem dynamischen Zustand zwischen Ordnung und Chaos aufrechterhalten. Das heißt, die bestehenden, die Organisationsstruktur des Systems bildenden Kopplungen zwischen den Elementen können (zum Teil) aufgelöst werden und neue Kopplungen und Strukturen entstehen lassen (oder auch nicht: hier liegt das Risiko des Abgleitens in einen chaotischen Zustand). Es ist – um eine Analogie zur Illustration zu gebrauchen – so, als ob eine Struktur „einfrieren" würde, um dann wieder „aufzutauen" und bei Bildung einer neuen Struktur wieder zu „gefrieren". Diese Unfähigkeit, ihre Ordnung zu „bewahren", bzw. – um eine gegensätzliche Bewertung zu verwenden – ihre Fähigkeit, ihre Ordnung „aufzugeben", und die Notwendigkeit und Fähigkeit, immer wieder eine neue Ordnung zu „(er)finden", sind aber gleichzusetzen mit der Anpassungsfähigkeit des Systems.

2.4 Das Modell der Autopoiese

Dissipative Strukturen und Systeme am „Rande des Chaos" sind energetisch offene Systeme. Die Prozesse der Selbstorganisation von Systemen wären unter den Bedingungen des thermischen Gleichgewichts nicht denkbar. Solche isolierten Systeme sind nur in der Abstraktion vorstellbar. Deshalb sind die Sätze der Thermodynamik in der Biologie – der nächste Bereich, in dem die entscheidende Bedeutung von Selbstorganisationsprozessen erkannt wurde – von wenig Nutzen. Mit den Worten Heinz von Foersters:

„Der Grund dafür ist leicht einzusehen; denn wenn wir um eine Katze oder um eine Maus eine energetisch undurchdringliche Hülle legen, so wird das, was innerhalb dieser Hülle sich befindet, nicht lange eine Katze oder Maus bleiben. Das heißt, dass das Konzept eines thermodynamisch abgeschlossenen Systems hier nicht brauchbar wird und man daher zu dem eines thermodynamisch offenen Systems übergehen muss" (von Foerster 1984, S. 12).

Im Rahmen natürlicher Prozesse ist die materielle Abgrenzung eines jeden Systems stets nur relativ, d. h., es findet ein Austauschprozess statt, bei dem in der Interaktion zwischen einem System und seiner Umwelt Materie und Energie aufgenommen, verwandelt und verbraucht werden. Dies gilt in besonderem Maße für biologische Systeme. Sie unterscheiden sich von den durch die Chaos- und Komplexitätstheorie beschriebenen Systemen durch ihren erheblich höheren und differenzierteren Organisationsgrad. Sie bilden Strukturen, die zu unterschiedlichen Funktionen fähig sind, sie durchlaufen Entwicklungs- und Wachstumsphasen, die nicht zufällig, sondern regelgesteuert sind, und die meisten – nicht alle – sind in der Lage, sich fortzupflanzen. Wir haben es also mit einem Quantensprung im Organisationsgrad zu tun, der weit über die Strukturierung der Wolkenbildung oder die Blasenbildung am Aktienmarkt hinausgeht.

Doch was ist es eigentlich, was Lebensprozesse und lebende Systeme von anderen Selbstorganisationsprozessen und unbelebten dynamischen, anpassungsfähigen Systemen unterscheidet?

Die Antwort, die den größten Einfluss auf die weitere Entwicklung von Theorie und Praxis hatte, ist die Theorie der *Autopoiese* (griech. *autos* = selbst, *poiein* = machen). Während bei Selbstorganisationsprozessen, wie sie in computersimulierten, komplexen Systemen oder bei dissipativen Strukturen zu beobachten sind, ein System seine vorgegebenen Elemente zu einer *Struktur* ordnet (besser gesagt: in dem die Elemente sich zu einer Struktur ordnen), organisieren autopoietische Systeme nicht nur ihre eigenen, internen Strukturen, sondern sie produzieren auch die *Elemente,* aus denen die Strukturen gebildet werden. Die kritische Variable, die sie konstant erhalten, ist ihre Organisationsform. Die Elemente (z. B. die Zellen des menschlichen Körpers) sterben ab und werden neu gebildet; die Strukturen, bestehend aus Elementen und ihren Relationen zueinander, können sich wandeln (durch Wachstum, Heilungs- und Degenerationsprozesse usw.); was konstant bleibt, ist das (abstrakte) Muster der Prozesse, die dafür sorgen, dass die Elemente reproduziert und in eine bestimmte Relation zueinander gebracht werden, d. h. ihre *Organisation.*

Dies ist ein qualitativer Sprung in der Theorieentwicklung. Er wurde von den beiden chilenischen Biologen Humberto Maturana und Francisco Varela vollzogen. Das Konzept der Autopoiese hatte nicht nur in der Biologie, dort vor allem der Hirnforschung, großen Einfluss, sondern auch in den Sozialwissenschaften und der Psychologie bzw. in deren praktischer Anwendung (zunächst in der „systemischen Familientherapie" und später dann in der „systemischen Organisationsberatung").

Maturana charakterisiert *lebende* Systeme folgendermaßen:

„Das gegenwärtige biochemische Wissen erlaubt es uns, lebende Systeme als sich selbst erzeugende Systeme zu bezeichnen, die ihre eigenen Grenzen bestimmen und aufbauen. Dies lässt sich formal so ausdrücken: Es gibt eine Klasse mechanistischer Systeme; jedes Element dieser Klasse ist ein dynamisches System, das als Netzwerk von Prozessen der Produktion seiner eigenen Bestandteile definiert ist; diese Bestandteile wirken zum einen durch ihre Interaktionen in rekursiver Weise an der ständigen Erzeugung und Verwirklichung eben dieses Netzwerkes von Prozessen der Produktion mit, das sie selbst produziert hat, und konstruieren zum anderen dieses Netzwerk von Prozessen der Produktion von Bestandteilen als eine Einheit in einem Raum, den sie (die Bestandteile) dadurch definieren, dass sie seine Grenzen verwirklichen.

Solche Systeme nenne ich *autopoietische Systeme,* und die Organisation eines autopoietischen Systems nenne ich die autopoietische Organisation. Ein autopoietisches System, das durch physikalische Bestandteile verwirklicht wird, ist ein lebendes System" (Maturana 1978, S. 280).

Dies lässt sich am besten durch die Dynamik, die zur Entstehung und Erhaltung der Zelle eines Organismus führt, illustrieren. Auch Zellen sind autopoietische Systeme. Ihre molekularen Bestandteile müssen miteinander in Interaktion treten, d. h., sie müssen zu einem dynamischen Netzwerk kontinuierlicher Wechselwirkungen verbunden sein. Dieser Prozess wird allgemein als Zellstoffwechsel bezeichnet. Ein Charakteristikum dieser Art biochemischer Prozesse ist nun, dass dieses Netzwerk von Interaktionen eine Membran – die Zellwand – bildet, die zu einer Innen-außen-Unterscheidung führt. Doch diese Membran ist nicht das Produkt (das hergestellte Objekt) irgendeines davon abgetrennten, schöpferischen Prozesses (des Stoffwechsels), sondern es ist ein integraler Bestandteil des Prozesses. Der Rand des Prozesses (die Membran) wird durch die Dynamik (den Prozess) gebildet, den er/sie (der Rand/die Membran) begrenzt. Doch ohne diese Begrenzung könnte die Dynamik nicht stattfinden. Hier zeigt sich die Selbstbezüglichkeit des Prozesses; das Netzwerk der Transformationen der Moleküle organisiert sich in einer Weise, dass eine abgegrenzte Einheit entsteht: die Zelle.

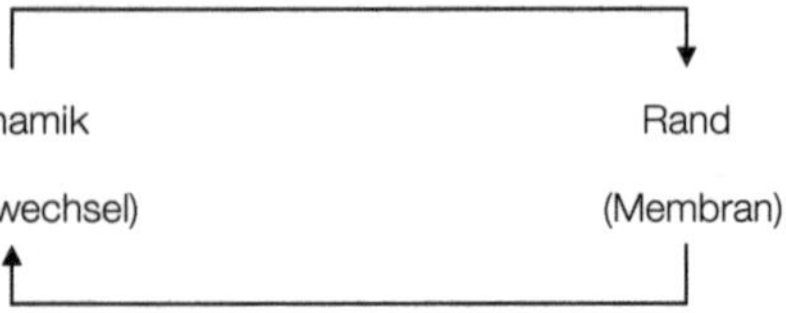

Abb. 4 (aus Maturana u. Varela 1984, S. 53)

Diese Illustration zeigt, dass wir es auch hier wieder mit der für Selbstorganisationsprozesse charakteristischen, rekursiven Struktur von Prozessen zu tun haben. Doch führt in diesem Fall die Rückkopplung nicht allein zur Regulierung von einzelnen physikalischen Variablen (Raumtemperatur beim Thermostat), sondern zur Bildung gegenüber irgendwelchen Umwelten *abgegrenzter Einheiten* (Systeme). Diese Dynamik erklärt auch den von Maturana gewählten Namen. Autopoietische Systeme sind organisierte Systeme, die sich selbst erschaffen. Und der Begriff *Organisation* steht für das abstrakte Muster eines Prozesses.

In der Biologie sind die so gebildeten Einheiten Zellen und Organismen. Auch sie sind gegenüber der Umwelt *offen*, was den Austausch von Materie und Energie angeht, aber sie sind – und das führt terminologisch häufig zu Verwirrungen – *operational geschlossen*. Damit soll gesagt sein, dass das Netzwerk der Interaktionen, das die Grenzen des Systems kreiert und dadurch das System als abgegrenzte Einheit hervorbringt, in sich und gegenüber dem Rest der Welt abgeschlossen funktioniert. *Systeminterne Operationen schließen immer an systeminterne Operationen an*. Ereignisse im Körperinneren schließen an Ereignisse im Körperinneren an und bilden so die körperinternen Prozesse. Aus der Perspektive eines Beobachters dieses Körpers ließe sich sagen: Was drinnen ist, ist drin, und was draußen ist, ist draußen. Die Grenze ist klar und eindeutig gezogen, und sie wird vom Körper durch seine Aktivitäten selbst aufrechterhalten – was natürlich nur geht, wenn die Umgebung das zulässt und es mit dem Leben vereinbar ist (denn es gibt auch Umwelten, die Lebensprozesse unmöglich machen).

3 Von der „objektiven Erkenntnis" zum „Er-Rechnen einer Realität"

3.1 *Triviale und nichttriviale Maschinen (= Systeme)*

Die Abstraktion vom Beobachter und das naturwissenschaftliche Objektivitätsideal gehen von einer Welt aus, in der die untersuchten Gegenstände eine charakteristische Eigenschaft aufweisen: Sie lassen sich durch die Katalogisierung von Input-Output-Relationen analysieren, ihr Verhalten lässt sich durch Regeln beschreiben und daher vorhersagen. Sie funktionieren wie eine zuverlässige Maschine, die sich zielorientiert von außen steuern lässt. Man drückt bei einem Kaffeeautomaten die Taste für Cappuccino und, wenn alles wie erwartet verläuft, dann kann man nach wenigen Minuten dem Gerät die Tasse mit dem entsprechenden Gebräu entnehmen. Die Eingabe in die Maschine (Drücken der entsprechenden Taste) ist deterministisch (und daher vorhersehbar) mit der Ausgabe gekoppelt. Die Erforschung von Gegenständen, die diese Art von Input-Output-Relation zeigen, bildet die Grundlage für das geradlinig-kausale Denken, die Idee von Ursache-Wirkungs-Beziehungen und ihrer objektiven Erkenntnis. Objektiv ist die Erkenntnis insofern, als die Maschine alle Beobachter gleich behandelt und keine Unterschiede zwischen ihnen macht – dem einen Saft in die Tasse füllt, weil sie meint, er hätte schon genug Kaffee getrunken.

Heinz von Foerster nennt diesen Typus berechenbarer Systeme „triviale Maschinen":

„Hier soll ‚Maschine' nicht als eine Summe von ineinandergreifenden mechanischen oder elektronischen Teilen verstanden werden, sondern als eine *begriffliche* Struktur, die genau beschrieben und synthetisch definiert werden kann. Eine Maschine ist etwas, das ich oder wir im Zusammenspiel aufbauen können, weil wir die innere Struktur und den Plan dieser Maschine bestimmen können.

Zuerst werde ich Ihnen einen Typ von Maschine, die triviale Maschine, vorstellen, die ungefähr der allgemeinen Vorstellung einer Maschine entspricht." Die folgende Skizze (Abb. 5) „zeigt das Schema einer solchen Maschine, bei der Sie drei Komponenten erkennen können.

Zunächst das Quadrat, das unsere Maschine darstellen soll, deren Funktion f von uns bestimmt werden kann. Was soll diese Funktion sein? Die Funktion soll für eine gewisse ‚Eingabe', x, eine gewisse ‚Ausgabe', y, zur Folge haben. Statt ‚Eingabe' und ‚Ausgabe' hätte ich natürlich auch sagen können, die Funktion dieser Maschine sei, eine Ursache (causa), x, mit einer bestimmten Wirkung (effectus), y, zu verknüpfen. Üblicherweise bezeichnet man daher die Funktion f als die ‚Wirkungsfunktion' und schreibt y = f (x)" (von Foerster 1988, S. 34).

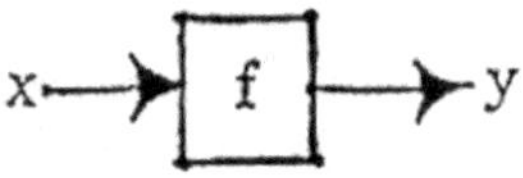

x	y
A	1
B	2
C	3
D	4

Abb. 5

„‚Spürt' diese Maschine die Ursache ‚A' oder ‚sieht' sie das Eingangssymbol ‚A' oder ‚fühlt' sie den Reiz ‚A' etc., dann produziert sie die Wirkung, das Ausgangssymbol, die Reaktion ‚1' etc., etc. Ebenso, geben wir ihr ‚B', so gibt sie uns ‚2' und so weiter und so fort [...] Wie Sie wahrscheinlich sofort erraten haben, ist dieses Schema das der Kausalität: Eine Ursache (x) hat gemäß eines (Natur-)Gesetzes (f) eine bestimmte Wirkung (y) zur Folge" (von Foerster 1988, S. 35).

Bei solch einer Maschine mit vier Eingabewerten und vier Ausgabewerten ließen sich insgesamt $4^4 = 256$ verschiedene Maschine konstruieren, je nachdem, wie man nun die Buchstaben und die Zahlen miteinander kombiniert. Festzustellen ist auf jeden Fall, dass man durch Experimente (Ausprobieren, welche Eingaben zu welchen Ausgaben führen) herausfinden könnte, wie die Maschine funktioniert. Ob es nun vier Werte oder 4 Milliarden sind; im Prinzip bleibt solch ein Typ von Maschine berechenbar, denn er ist nicht in der Lage, den Beobachter oder Untersucher zu überraschen.

Ganz anders ist das bei der so genannten „nichttrivialen Maschine".

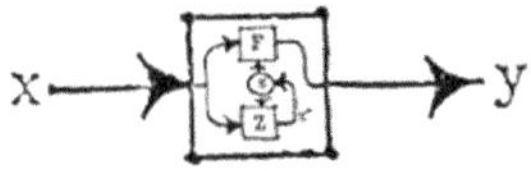

Im Zustand I

x	y	z'
A	1	I
B	2	II
C	3	I
D	4	II

Im Zustand II

x	y	z'
A	4	I
B	3	I
C	2	II
D	1	II

Abb. 6

„In dem Quadrat, das jetzt eine nichttriviale Maschine darstellt, steht der Buchstabe z. Das soll bedeuten, dass diese Maschine innerer Zustände, z, fähig ist. Man könnte es so sehen, dass diese Maschine verschiedene Maschinen verkörpert, sozusagen eine Maschine in einer Maschine ist. Hier geschieht das folgende: Wird ein Eingangssymbol (x) eingegeben, so errechnet sie ein Ausgangssymbol (y) gemäß einer Wirkungsfunktion f, die auch vom inneren Zustand (z) der Maschine abhängig ist:

$$y = F_y (x, z).$$

Am Ende dieser Operation errechnet die Maschine nun den nächsten internen Zustand (z') gemäß der Zustandsfunktion

$$z' = f_z (x, z).$$

Das heißt, ein einmal gegebenes Eingangssymbol mag später nicht mehr dasselbe Ausgangssymbol hervorrufen: Die Operationen der Maschine sind von den Operationen ihrer Vergangenheit abhängig" (von Foerster 1988, S. 38 f.).

Die Tabelle in Abbildung 6 zeigt den einfachst denkbaren Typ nichttrivialer Maschinen, bei der es nur zwei verschiedene innere Zustände (I, II) gibt. Wenn die Maschine sich beispielsweise in Zustand I befindet und die Eingabe B erfolgt, so erfolgt – wie bei der bereits untersuchten trivialen Maschine – die Ausgabe 2. Im Gegensatz zu den meisten realen nichttrivialen Maschinen haben wir hier in unserer Tabelle den großen Vorteil, dass wir Zugang zu ihrem Innenleben haben, sodass wir feststellen können, dass nach der Eingabe B die Maschine ihren inneren

Zustand verändert (z': II). Wenn wir nun bei unserem zweiten Versuch erneut B eingeben, so erhalten wir die Antwort 3 usw. Wenn wir unsere Experimente fortführen, so zeigt sich, dass diese Maschine nicht zu den „zuverlässigen Zeitgenossen" zu rechnen ist; sie erscheint launisch und unberechenbar (wenn wir keinen Zugang zu ihrem Innenleben haben).

Die Lösung des „analytischen Problems", in einer „endlichen Reihe von Versuchen, die beiden Funktionen, die Wirkungsfunktion und die Zustandsfunktion" zu ermitteln, stößt auf unüberwindliche Schwierigkeiten. Sie sind „analytisch unbestimmbar", obwohl man im Prinzip eigentlich alle Eingabe-Ausgabe-Möglichkeiten durchtesten könnte. Allerdings hilft dieses Prinzip nicht sehr viel, weil es sich hier um eine Zahl von Möglichkeiten handelt, die „transcomputational" ist. Dies soll anhand der folgenden Tabelle illustriert werden.

Anzahl der E/A Symbole	Anzahl der möglichen nichttrivialen Maschinen	
2	2^{16}	$= 65536$
4	2^{8192}	$= 10^{2466}$
8	$2^{3 \times 2^{30}}$	$= 10^{969685486}$

(nach von Foerster 1988, S. 40)

„Wenn die Anzahl der E/A-Symbole, der Eingangs-Ausgangs-Symbole, 2 ist (die Maschine versteht nur A, B und kann nur 1, 2 sagen), dann ergibt das 65 536 mögliche verschiedene Maschinen. Lässt man aber vier Symbole zu, wie in unserem Fall, dann gibt es 10^{2466} verschiedene Maschinen, die man prüfen müsste, ob eine der unseren entspräche. Das Alter der Welt ist ungefähr 5×10^{23} Mikrosekunden. Braucht es eine Mikrosekunde, um eine Maschine zu berechnen, dann können Sie sich ausrechnen, wie viele Weltalter wir brauchen, um zu bestimmen, welche von diesen Maschinen wir vor uns haben. Diese Überlegung soll den Ausdruck „transcomputational" rechtfertigen. Es gibt aber noch eine andere Klasse von nichttrivialen Maschinen, deren Struktur so beschaffen ist, dass ihre Funktionen *im Prinzip* unbestimmbar sind" (von Foerster 1988, S. 40 f.).

Zusammenfassend lassen sich beide Typen von Maschinen – oder in einer etwas weniger mechanistische Assoziationen hervorrufenden Terminologie: von Systemen – und ihre Eigenarten einander gegenüberstellen (nach von Foerster 1988, S. 41):

Triviale Systeme	*Nichttriviale Systeme*
1. synthetisch determiniert	1. synthetisch determiniert
2. analytisch bestimmbar	2. analytisch unbestimmbar
3. vergangenheitsunabhängig	3. vergangenheitsabhängig
4. voraussagbar	4. unvoraussagbar

Den Konzepten der trivialen bzw. nichttrivialen Systeme oder „Maschinen“ ist hier so viel Raum gegeben, weil sich hier ein weiteres Mal die Grenzen eines Erkenntnismodells zeigen, das sich am Ideal der objektiven Erkenntnis orientiert. Denn unsere Erkenntnis der Welt muss ja in Rechnung stellen, dass wir selbst Teil der Welt sind und daher mit jeder gewonnenen Erkenntnis die Welt sich verändert. Oder anders gesagt: Die Welt ist ein nichttriviales System, gegenüber dem wir keine Außenperspektive gewinnen und keine Input-Output-Relationen registrieren können.

In unserem Alltag haben wir es eigentlich nur selten mit trivialen Systemen zu tun. Meist sind es wirklich nur technische Maschinen, die diesem Ideal gerecht werden. Und wir finden auch in der unbelebten Natur Phänomene, die wir nach dem Eingabe-Ausgabe-Modell analytisch bestimmen können. Aber im Bereich des menschlichen Lebens und Zusammenlebens finden wir es überhaupt nicht. Das beginnt bei den psychischen Systemen von Individuen. Sie sind nicht nur von außen in ihrer Struktur undurchschaubar, sondern obendrein lernfähig und in der Lage, sich aufgrund von Erfahrungen zu verändern. Man erzählt einem Menschen einen Witz, und er lacht sich schief, und man versucht, den Humor dieses Menschen (als Eigenschaft, die ihm zuzuschreiben ist) in bester naturwissenschaftlicher Manier zu testen, indem man das Experiment wiederholt. Man erzählt ihm denselben Witz erneut, sein Lachen wirkt ein wenig gezwungen; man erzählt ihn zum dritten Mal, die Versuchsperson verzieht gequält die Miene, und beim vierten Mal wird der Leiter des Experimentes vom Probanden geschlagen.

Menschen sind nichttriviale Systeme. Das gilt nicht nur für ihre Psyche, die sich im Laufe ihrer Geschichte verändert (d. h. vergangenheitsabhängig ist), sondern auch für ihren Körper. Dieser behält zwar viele Merkmale seiner Struktur, solange er lebt, aber auch er ist lernfähig.

Das Gehirn verändert im Laufe der Lerngeschichte eines Individuums seine neuronalen Verknüpfungen, und das Immunsystem entwickelt Abwehrmechanismen gegenüber Erregern, mit denen es in Kontakt gekommen ist. All diese internen Veränderungen führen dazu, dass die Reaktionen des Organismus, der immer nur im Hier und Jetzt operiert, unvorhersehbar bleiben, was die Zukunft betrifft. Ob er eine Krankheit entwickeln wird oder nicht, ist – zumindest im Hinblick auf die meisten Krankheiten (d. h. nicht alle) – nicht geradlinig-kausal determiniert. Dasselbe gilt für die Verhaltensweisen, die ein Individuum zeigen wird. Auch sie sind nicht berechenbar, obwohl dankenswerterweise nur wenige Menschen ihre Nichttrivialität wirklich ausleben und sich so unberechenbar verhalten, wie sie eigentlich könnten. Offenbar gibt es gute Gründe für jeden Einzelnen, sich seinen Mitmenschen relativ zuverlässig und kalkulierbar zu zeigen, obwohl er oder sie auch noch über ganz andere Potenziale verfügt. Nur ab und zu scheint diese Nichttrivialität auf, wenn ein bis dahin vollkommen unauffälliger Nachbar plötzlich als Kannibale identifiziert wird, der sich über das Internet seine Opfer sucht, oder ein unbescholtener Familienvater sich als „Sittenstrolch" erweist.

Der zweite Bereich, in dem nichttriviale Systeme die Regel sind, ist die Gesellschaft mit ihren Subsystemen. Ob eine Paarbeziehung, eine Familie, eine Organisation, ein Unternehmen, ein Staat oder die Weltgesellschaft insgesamt, all dies sind nichttriviale Systeme. Auch sie sind analytisch unbestimmbar, vergangenheitsabhängig und nicht im Sinne geradliniger Ursache-Wirkungs-Beziehungen steuerbar. Aber das heißt keineswegs, dass sie nicht zielgerichtet beeinflussbar wären. Man braucht aber andere Vorstellungen davon, wie man das Erreichen seiner Ziele wahrscheinlicher macht: Modelle der Wirkung von Interventionen in komplexe Systeme.

3.2 Die Kybernetik der Kybernetik (= Kybernetik 2. Ordnung)

Die bis hierher dargestellten Theorien komplexer Systeme und ihrer Selbstorganisation sind kompatibel mit dem Anspruch westlicher Wissenschaften, Aussagen über einen zu beobachtenden Gegenstand zu machen, die „objektiv" sind. Das heißt, sie sollen unabhängig vom konkreten Beobachter und seinen Bedingungen sein. Mit anderen Worten: Man soll sich den Beobachter „wegdenken“ können. Der Gegenstand wird isoliert, nur dass nun das „Objekt“ der Erkenntnis ein „System“ ist. Wo man früher die Eigenschaften von Objekten, dem „Ding an sich“, untersuchen wollte, will man nun die Eigenschaften von Systemen „an sich“ erforschen. An die Stelle nichtzusammengesetzter Einheiten treten zusammengesetzte Einheiten. Das gilt auch für nichttriviale Systeme, wie sie in den Tabellen oben dargestellt werden – nur dass man bei ihnen mit dem misslichen, das grundlegende Prinzip aber nicht infrage stellenden Problem konfrontiert ist, dass das Errechnen der Eingabe-Ausgabe-Relationen „transcomputational“ ist.

Doch die Abstraktion vom Beobachter und vom Prozess der Beobachtung wird schwierig, wenn man sich mit der Frage nach der „Biologie der Erkenntnis“ beschäftigt. Denn dann landet man früher oder später – zumindest, wenn man einen systemtheoretischen Ansatz zugrunde legt – zwangsläufig bei der Frage nach den Wechselbeziehungen zwischen dem zu erkennenden Objekt bzw. System und demjenigen, der es zu erkennen sucht, d. h. nach dem übergeordneten System, das aus dem Gegenstand der Erkenntnis und dem Beobachter gebildet wird. Der Forscher als ein zur Erkenntnis oder Kognition fähiges System untersucht ein anderes zur Kognition befähigtes System, das sich in Interaktion mit einer Umwelt befindet (dem Forscher). Die beiden bilden gemeinsam ein Interaktionssystem, das seine eigenen Selbstorganisationsprozesse entwickelt und sich im Laufe der gemeinsamen Interaktionsgeschichte strukturiert.

Die Erforschung der Steuerung und Regelung des Verhaltens von Systemen, die von ihrer Umwelt und vom Beobachter isoliert sind, wurde von Norbert Wiener (1948) auf den Namen „Kybernetik“ getauft. Die Erforschung der Steuerung und Regelung des Verhaltens in den übergeordneten Systemen, die entstehen, wenn man den Beobachter mit einschließt (d. h. der Systeme, die aus beobachtetem System plus Beobachter bestehen), wurde analog dazu von Heinz von Foerster (1974) mit dem Namen „Kybernetik der Kybernetik“ versehen. Um die logische Hierarchie der jeweils untersuchten Typen von Systemen deutlich zu machen, wurde von nun an die Untersuchung isolierter Systeme ohne Einbeziehung des Beobachters als „Kybernetik 1. Ordnung“ bezeichnet, die der aus untersuchtem System und Beobachter bestehenden Systeme als „Kybernetik 2. Ordnung".

Verbunden mit dieser logischen Hierarchisierung von Systemen – unter Ein- oder Ausschluss des Beobachters – lassen sich auch unterschiedliche „Ordnungen" der Beobachtung unterscheiden: Die Beobachtung eines Gegenstandes lässt sich als „Beobachtung 1. Ordnung" und die Beobachtung der Beobachtung dieses Gegenstandes als „Beobachtung 2. Ordnung" kategorisieren.

Mit dieser Unterscheidung ist ein Schritt vollzogen, der über die objektorientierte Forschung hinaus zu den erkenntnistheoretischen Grundlagen der menschlichen Erkenntnis führt, sei es nun des Aufbaus unseres Alltagsweltbildes, sei es der wissenschaftlichen Annäherung an die Realität. Solche, den Beobachter einschließenden Systeme, sind immer nichttriviale Systeme, da der Beobachter sich durch die Beobachtung verändert oder zumindest verändern kann. Ihre Eigenheiten zu erkennen bedarf es anderer, ihrer Nichttrivialität angemessener Vorannahmen. Die Systemtheorie wird durch die Einbeziehung des Beobachters zur „Epistemologie", d. h. zur Erkenntniswissenschaft.

Damit stellen sich auch viele Fragen neu, deren Antworten bis dahin als gegeben angenommen wurden. Wenn die Begriffe, mit deren Hilfe wir unsere Welt zu „begreifen" versuchen, nicht mehr als „eingeborene Ideen" betrachtet werden können, wo kommen sie dann her? Wie sind die Bausteine von Weltbildern geformt? Und wie kommen sie zu ihrer Form? usw.

All dies sind Fragen, mit denen sich ein Zweig der Psychologie bzw. der Philosophie beschäftigt, der eng mit der Entwicklung systemtheoretischer Konzepte und ihrer Anwendung verbunden ist: der so genannte „Konstruktivismus".

Viele seiner grundlegenden Einsichten stammen, das sollte nicht verwundern, aus der sorgfältigen Erforschung des Aufbaus des Weltbildes bei Kindern. Hier ist an herausragender Stelle Jean Piaget zu nennen. In einer kaum überschaubaren Zahl von Studien hat er nicht nur phänomenologisch nachgezeichnet und dokumentiert, wie die Konstruktion des kindlichen Weltbildes entsteht, sondern auch ihre inhärente Logik beschrieben. Er selbst bezeichnet seinen Forschungsgegenstand als „genetische Epistemologie" (Piaget 1970). Aber auch andere empirisch forschende Psychologen, vor allem George A. Kelly mit seiner

„Psychologie der persönlichen Konstrukte", sind hier zu nennen (1955).

Die zweite tragende Säule stammt von Biologen wie Humberto Maturana und Francisco Varela oder von Neuropsychiatern wie dem Vater aller Netzwerktheorien, Warren McCulloch. Sie untersuchten die Wechselbeziehung zwischen neuronalen Prozessen und Erkenntnis. Das führte dann zur Publikation von Artikeln mit solch interessanten Titeln wie „What Is a Number, that Man May Know It, and a Man, that He May Know a Number" (McCulloch 1961) oder auch „A Logical Calculus of the Ideas Immanent in Nervous Activity" (McCulloch & Pitts 1943). Was sie betrieben, lässt sich als „experimentelle Epistemologie" (McCulloch 1970) oder auch als „operative Erkenntnistheorie" (von Foerster 1985) bezeichnen.

Dabei waren sie sich immer der Selbstbezüglichkeit und der damit verbundenen logischen Fallen bewusst, wenn sie als Menschen ihr Gehirn (oder ihre Gehirne) benutzten, um das menschliche Gehirn zu untersuchen.

Es macht den Unterschied des Autopoiese-Konzeptes zu allen anderen dargestellten Selbstorganisationsmodellen aus, dass in ihm die Rolle des Beobachters nicht nur reflektiert wird, sondern sie konstitutiv für die Architektur der gesamten Theorie ist. Humberto Maturana und Francisco Varela beschreiben dies so:

„Alles was gesagt wird, wird von einem Beobachter gesagt. Der Beobachter spricht durch seine Äußerungen zu einem anderen Beobachter, der er selbst sein könnte; alles, was den einen Beobachter kennzeichnet, kennzeichnet auch den anderen. Der Beobachter ist ein menschliches Wesen, d. h. ein lebendes System, und alles was lebende Systeme kennzeichnet, kennzeichnet auch ihn" (Maturana u. Varela 1970, S. 34).

3.3 Das (Er-)Rechnen von Realität

Wenn wir vom Beobachter und dem Beobachten sprechen, empfiehlt es sich, das sei noch einmal betont, die beiden unterschiedlichen Typen von Beobachtern bzw. des Beobachtens zu unterscheiden: das Beobachten eines Gegenstandes (Beobachtung 1. Ordnung) und das Beobachten des Beobachtens (Beobachtung 2. Ordnung). In der Regel ist sich der Beobachter, der einen Gegenstand beobachtet, nicht der Prinzipien, die er dabei anwendet, bewusst; ja, es erscheint ihm so, als sei sein Beobachten ein passiver Vorgang, das Aufnehmen von Informationen, die irgendwo da draußen in der Welt *gegeben* sind. Wie er ein Objekt wahrnimmt, scheint durch dessen Eigenschaften determiniert. Er schreibt die Ursache für seine Wahrnehmungen dem Objekt zu.

Betrachtet man diesen Vorgang der Beobachtung eines Gegenstandes aus der Perspektive des Beobachters des Beobachters, zum Beispiel der eines Hirnforschers, so erweist sich, dass diese Idee des Imports von Informationen problematisch ist. Denn in den Aktivitäten des Gehirns gibt es keine Qualitätsunterschiede der neuronalen Aktivitäten, die mit Qualitätsunterschieden in der Lebenswelt des jeweiligen Individuums korrelieren. Alle aus der Perspektive der Beobachtung 2. Ordnung identifizierbaren physikalischen Unterschiede oder Eigenarten eines Gegenstandes in der Umwelt eines lebenden Systems werden von seinem Gehirn auf dieselbe Art und Weise kodiert, d. h., sie werden in Aktivitäts-Inaktivitäts-Muster von Nervenzellen „übersetzt". Dies ist ein Vorgang, den Heinz von Foerster als „Prinzip der undifferenzierten Kodierung" bezeichnet hat:

„Die Reaktion einer Nervenzelle enkodiert *nicht* die physikalischen Merkmale des Agens, das ihre Reaktion verursacht. Es wird lediglich das ‚so viel' an diesem Punkt meines Körpers enkodiert, nicht aber das, ‚was'" (von Foerster 1973, S. 29).

Welche sensorischen Zellen auch immer gereizt werden, sie reagieren nie auf die Qualität dieser Reize, sondern nur auf die Quantität. Daraus ergibt sich die Frage, wie das Gehirn es schafft, aus der Menge an Zellen, die auf quantitative Veränderungen reagieren, die Qualitäten subjektiver Wirklichkeit zu konstruieren, die nun einmal so vielfältig, vielfarbig, voller Töne und Melodien, differenziert und sinnvoll sind. Die Antwort von Konstruktivisten besteht darin, das, was wir üblicherweise als Erkenntnis oder Kognition bezeichnen, zu umschreiben:

KOGNITION ——→ Errechnung einer Realität

Mit dieser Formel betont Heinz von Foerster die aktive (rechnende = konstruierende) Rolle dessen, der erkennt oder zu erkennen meint. Und mit der Verwendung des unbestimmten Artikels im Ausdruck „einer Realität", unterstellt er – und das muss unterstrichen werden –, dass es möglich ist, unterschiedliche Realitäten zu errechnen. Er führt dazu näher aus:

„Das Wort ‚rechnen' kommt von einem im Hochdeutschen nicht mehr vorhandenen Adjektiv, das ‚ordentlich, genau' bedeutet. ‚Rechnen' heißt also ursprünglich ‚in Ordnung bringen, ordnen'. Dazu gehört u. a. auch ‚Rechenschaft' und ‚recht'. Es braucht somit also keineswegs auf numerische Größen Bezug genommen werden.

Ich möchte den Begriff des ‚Rechnens' in diesem sehr allgemeinen Sinn verwenden, um jede (nicht notwendig numerische) Operation zu benennen, die beobachtete physikalische Entitäten (‚Objekte') transformiert, modifiziert, ordnet, neu anordnet usw. So werde ich z. B. die einfache Permutation der drei Buchstaben A, B, C zu C, A, B, zu einer Anordnung also, in der der letzte Buchstabe an die erste Stelle rückt, als ‚Rechnen' bezeichnen. In ähnlicher Weise nenne ich die Operation eine Errechnung, die Kommas zwischen den Buchstaben beseitigt: CAB, in gleicher Weise die semantische Transformation, die CAB zu TAXI verändert usw." (von Foerster 1973, S. 30).

Was den Gebrauch des unbestimmten Artikels im Ausdruck „eine Realität" angeht, bekennt von Foerster sich zu einer „radikalen" Absicht:

„Es gibt eine tiefe Kluft zwischen dem ‚die'-Denken und dem ‚eine'-Denken, wofür wiederum die Begriffe ‚Bestätigung' bzw. ‚Korrelation' jeweils als erklärende Paradigmen der Wahrnehmung gelten. Die ‚die'-Auffassung meint: eine Wahrnehmung der Berührung ist eine *Bestätigung* meiner visuellen Wahrnehmung, dass es einen Tisch *gibt*. Die ‚eine'-Auffassung meint: Meine Wahrnehmung der Berührung in *Korrelation* mit meiner visuellen Sinneswahrnehmung *erzeugt* eine Erfahrung, die ich als ‚Hier ist ein Tisch' beschreiben kann. Ich lehne die ‚die'-Position aus epistemologischen Gründen ab, denn auf diese Weise wird das ganze Problem der Kognition einfach in den blinden Fleck des Erkennens abgedrängt: Man merkt nicht einmal mehr, dass man das Problem der Kognition nicht sieht" (von Foerster 1973, S. 30).

Da kognitive Prozesse immer nur Beschreibungen von irgendwelchen Gegenständen „errechnen" können und nicht die Gegenstände selbst, lässt sich von Foersters Umschreibung von Kognition noch einmal anders umschreiben:

KOGNITION ——→ Errechnung von Beschreibungen
einer Realität.

Und da Hirnforscher plausibel darlegen bzw. experimentell belegen können, dass alle sensorischen Reize, etwa ein auf die Netzhaut projiziertes und dort Nervenzellen reizendes Bild, auf höheren Ebenen des Gehirns erneut zu Rechenprozessen führen, lässt sich die Formel erneut modifizieren:

KOGNITION ——→ Errechnung von Beschreibungen ⟲

Dabei soll der zurückführende Pfeil ausdrücken, dass es sich hier um eine „infinite Rekursion von Beschreibungen von Beschreibungen von Beschreibungen“ ... usw. handelt.

„Diese Formulierung hat den Vorteil, dass eine Unbekannte, nämlich ‚Realität‘, mit Erfolg ausgeschaltet worden ist. Realität erscheint nur mehr implizit als die Aktivität rekursiver Beschreibungen. Schließlich können wir auf die Tatsache zurückgreifen, dass die Errechnung von Beschreibungen natürlich nichts anderes ist als eine Errechnung. Es ergibt sich somit:

KOGNITION ——→ Errechnungen von ⟲

Ich fasse zusammen: Mein Vorschlag besteht darin, kognitive Prozesse als nie endende rekursive Prozesse des (Er-)Rechnens aufzufassen“ (von Foerster 1973, S. 31).

Was Heinz von Foerster als „Errechnen einer Realität“ bezeichnet, hat die Form einer rekursiven Funktion, eines Prozessmusters, das wir schon oben skizziert haben: Es ist die „operationale Schließung“, das Anschließen von Operationen an Operationen an Operationen usw., das schließlich zu einem Eigenwert, einer Eigenstruktur, einem Eigenverhalten, dem Attraktor komplexer Systeme führt – oder auch ins Chaos. Die Realität, die bei dem kognitiven Prozess der Errechnungen von Errechnungen ... entsteht, ist stabil und anpassungsfähig – und das ist aus der Perspektive des Beobachters 2. Ordnung das Erstaunliche – sie kommt innerhalb des Errechnens des Errechnens gar nicht mehr vor, sie ist gewissermaßen aus der Gleichung herausgekürzt worden.

3.4 Operationale Schließung

Der schwer zu verdauende und unserem intuitiven Verständnis von Erkenntnis der Realität zuwiderlaufende Aspekt dieses Theorieansatzes ist, dass das Gehirn offenbar keinen direkten Zugang zur Welt hat und braucht. Es ist ein in sich geschlossenes, gegenüber seiner Umwelt vollkommen abgegrenztes System, das sich in seinen Aktivitäten allein auf sich selbst, d. h. seine eigenen Aktivitäten bezieht. Neuronale Aktivitäten reagieren auf neuronale Aktivitäten, nicht hingegen auf die Außenwelt. Diesen Umstand, dass sich die Operationen eines Systems ausschließlich an den eigenen Operationen orientieren, nennen Maturana und Varela „operationale Schließung". Sie charakterisieren sie folgendermaßen:

„Das Nervensystem wird als Einheit (d. h. als System) definiert durch Relationen, die es als geschlossenes Netzwerk interagierender Neuronen auf solche Weise konstituieren, dass jegliche Veränderung des Zustands relativer Aktivität einer Menge von Neuronen zu einer Veränderung des Zustands relativer Aktivität einer anderen oder derselben Menge von Neuronen führt: alle Zustände neuronaler Aktivität im Nervensystem führen stets zu anderen Aktivitätszuständen des Nervensystems.

Ein geschlossenes neuronales Netzwerk hat weder Input- noch Outputoberflächen als charakteristische Merkmale seiner Organisation, und auch wenn es durch die Interaktion seiner Bestandteile beeinflusst werden kann, gibt es für sein Operieren als System lediglich seine eigenen Zustände relativer neuronaler Aktivität, unabhängig von dem, was der Beobachter über ihren Ursprung sagen mag. Bei einem geschlossenen System existieren Innen und Außen nur für den Beobachter, nicht für das System. Die sensorischen und die effektorischen Oberflächen, die ein Beobachter bei einem gegebenen Organismus beschreiben kann, machen das Nervensystem nicht zu einem offenen neuronalen Netzwerk, da die Umwelt (in der der Beobachter sich befindet) lediglich als ein intervenierendes Element wirkt, durch welches die effektorischen und die sensorischen Neuronen interagieren und so die Geschlossenheit des Systems herstellen" (Maturana 1975, S. 142).

Wenn in diesem Zitat von Beobachter die Rede ist, so ist damit stets der Beobachter 2. Ordnung, der das Gehirn untersucht, gemeint, nicht der Beobachter 1. Ordnung, der dieses Gehirn „benutzt“. Denn nur aus der Außenperspektive kann von Input und Output gesprochen werden, nicht aus der Sicht des Gehirns, das nur auf Aktivitäten innerhalb seiner selbst, d. h. des neuronalen Netzwerkes, reagiert und daher keine Außenperspektive „kennt“ bzw. keinen direkten Zugang zu seiner Umgebung hat.

Maturana und Varela haben das Modell der operational geschlossenen Systeme (nicht zu verwechseln mit der Offenheit oder Geschlossenheit von Systemen gegenüber Energie) aufgrund ihrer Untersuchungen der Funktionsprinzipien des Gehirns entwickelt und es dann auf biologische Systeme insgesamt übertragen. Biochemische Prozesse innerhalb des Organismus, die diesen als Einheit gegenüber der Umwelt abgrenzen und erhalten, schließen an andere Operationen an, die dies ebenfalls tun, usw. Auf diese Art wird der Körper durch ein Netzwerk von Operationen, die an Operationen anschließen, als zusammengesetzte Einheit gegen die Umwelt abgegrenzt und als operational geschlossenes System am Leben gehalten.

Akzeptiert man das Modell der operationalen Schließung, das die klare Trennung zwischen autopoietischem System und Umwelt postuliert, so landet man unvermeidlich bei der Frage: Wie kommt das Bild der Realität in das erkennende Individuum hinein, wo doch die internen Muster des neuronalen Funktionierens nur als Reaktionen auf interne Muster des neuronalen Funktionierens zu erklären sind?

Die Antwort ergibt sich, wenn wir in die Position des Beobachters 2. Ordnung gehen, der einen Beobachter 1. Ordnung und die ihn umgebende Welt der Objekte beim Beobachten beobachtet. Aus dieser Außenperspektive wird deutlich, dass der Beobachter (1. Ordnung) die Objekte, die er zu erkennen sucht, manipuliert. Er versucht sie zu „begreifen“, indem er sie im wahrsten Sinne des Wortes begreift. Und er versucht sie zu „verstehen“, indem er auf sie und die von ihnen produzierten Geräusche hört. Er dreht und wendet die Dinge hin und her und blickt sie aus unterschiedlichen Perspektiven an, um sich ein Bild von ihnen machen zu können usw. Indem er dies tut, schließt er den sensomotorischen Zirkel. Es sind *seine neuronalen* Aktivitäten, die sein äußerlich wahrnehmbares Verhalten bedingen (z. B. die Innervation der Muskeln, die es ihm ermöglichen zu greifen), und die Welt der „Gegenstände“ (die ihm bzw. seiner Motorik „entgegenstehen“) sorgt dafür, dass *andere* seiner *neuronalen* Aktivitäten (die Erregung sensorischer Zellen) an die motorischen Aktivitäten anschließen. Auf diese Weise entstehen Korrelationen *innerhalb* der Aktivitäten des Nervennetzes, die als Repräsentationen der Außenwelt und der in ihr vorfindbaren Objekte, Dinge, Sachverhalte usw. fungieren.

Konstante und wieder erkennbare „Objekte" innerhalb der Erkenntnismuster eines individuellen Organismus sind dann nichts anderes als durch das Errechnen des Errechnens ... errechnete Eigenwerte bzw. errechnetes Eigenverhalten, d. h. stabile, immer wiederkehrende Resultate von Rechenprozessen des jeweiligen selbstorganisierten, komplexen, kognitiven Systems (vgl. von Foerster 1976, S. 207 ff.). Mit anderen Worten: In der Konfrontation und Interaktion mit den „Gegenständen" werden vom Organismus immer wieder dieselben internen Prozessmuster aktiviert, wodurch der jeweilige Gegenstand als „derselbe" identifiziert wird. Das ist dann das, was wir „Erkenntnis" nennen: ein repetitives Muster von Prozessen. Doch aus der Sicht des Beobachters 2. Ordnung sind es nicht „dieselben" Eigenschaften des Gegenstandes, die dessen Identität bestimmen, sondern „dieselben" Eigenschaften (interne Prozessmuster) des jeweiligen kognitiven Systems (Beobachter 1. Ordnung). Identität ist daher keine Eigenschaft, die ein Gegenstand besitzt, sondern ein Merkmal, das ihm von einem Beobachter zugeschrieben wird (das gilt dann auch für die Selbstbeobachtung des Beobachters und seine persönliche Identität).

In der Interaktion mit den Gegenständen in der Umwelt, entwickeln und verändern sich die internen Strukturen des jeweiligen kognitiven Systems. Der Beobachter (2. Ordnung) „sieht, dass die Sensoren eines Tieres (z. B. einer Katze) durch einen sichtbaren Gegenstand (z. B. einen Vogel) modifiziert werden. Die Sensoren verändern sich durch physikalische Interaktionen, nämlich die Absorption von Lichtquanten. Das Tier wird durch seine Interaktionen mit den Relationen modifiziert, die zwischen den aktivierten Sensoren bestehen, welche die Lichtquanten an der sensorischen Oberfläche absorbiert haben" (Maturana u. Varela 1970, S. 39). Die internen Muster der biologischen Prozesse, der Relationen der aktivierten Sensoren, organisieren sich – angeregt, aber nicht determiniert – durch den Zusammenstoß mit den Objekten neu (oder eben auch nicht, d. h. eine alte „Erkenntnis" wird de facto bestätigt).

Der Begriff der Kognition und/oder Erkenntnis, wie er hier verwendet wird, weicht von seiner gewohnten philosophischen oder psychologischen Verwendung ab. Denn er steht nicht primär und allein für psychische Prozesse, sondern er bezeichnet zunächst erst einmal biologische Phänomene: die Funktionsweise lebender Systeme – nicht nur, aber vor allem die des Gehirns (sei es nun das eines Menschen oder eines Tieres). Das erfordert ein gewisses Maß an Umdenken, denn biologische Muster, der anatomische Bau eines Organismus wie auch die funktionellen Muster der Physiologie, werden nun als kognitive Funktionen betrachtet. Und ihre Funktion besteht, aus der Sicht des Beobachters 2. Ordnung gesprochen, darin, in einer Umwelt mit den darin vorgefundenen Gegenständen und lebenden Systemen oder sonstigen Phänomenen in einer Weise handeln bzw. interagieren zu können, die mit dem eigenen Überleben kompatibel ist.

„Ein kognitives System ist ein System, dessen Organisation einen Interaktionsbereich definiert, in dem es zum Zweck der Selbsterhaltung handeln kann. Der Prozess der Kognition ist das tatsächliche (induktive) Handeln oder Verhalten in diesem Bereich. Lebende Systeme sind kognitive Systeme, und Leben als Prozess ist ein Prozess der Kognition. Diese Aussage gilt für alle Organismen, ob diese ein Nervensystem besitzen oder nicht" (Maturana u. Varela 1970, S. 39).

Die Radikalität dieses Ansatzes besteht darin, dass biologische, und das heißt für Maturana: autopoietische Systeme mit kognitiven Systemen gleichgesetzt werden. Im Laufe der Evolution haben sich nach dieser Auffassung Organismen in ihrer Struktur und Funktion so verändert, dass sie in der Lage sind, sich in einer bestimmten ökologischen Nische so zu verhalten, dass sie überleben. In diesen biologischen Strukturen und Funktionsmustern ist daher ein „Wissen" über die jeweilige Lebenswelt des Organismus impliziert. Durch ihr Verhalten beschreiben solche Systeme ihre Lebenswelt, d. h. den Interaktionsbereich, innerhalb dessen sie in der Lage sind, ihre Autopoiese aufrechtzuerhalten. Beschreiben ist also keine Tätigkeit, die an den Gebrauch einer Sprache gebunden ist, sondern das Verhalten beschreibt die Lebenswelt. (Das kann man sich plausibel machen, wenn man sich vor Augen hält, dass beispielsweise ein Bergwanderer durch den Weg, den er nimmt, ja immer auch die Berge charakterisiert, ein Schwimmer durch seine Bewegungen das Wasser usw.) Solange die autopoietischen

Prozesse fortgeführt werden, erhält das jeweilige lebende System seine Identität als Einheit, die von der Umwelt abgegrenzt ist. Wenn man – aus der Perspektive des Beobachters 2. Ordnung – die Funktion von Kognition benennen will, so kann man sie als „Aufrechterhaltung der Autopoiese" definieren. Die Qualität von Erkenntnis misst sich insofern nicht an ihrem Wahrheitsgehalt oder an der Ähnlichkeit ihrer Struktur mit der des „erkannten" Gegenstandes, sondern an ihrer Fähigkeit, die Wahrscheinlichkeit des Überlebens zu erhöhen.

Wie eine Umwelt von einem autopoietischen System beobachtet wird (d. h., welche internen Wirkungen mit der Interaktion zwischen System und Umwelt verbunden sind), bestimmt nicht die Umwelt, sondern das System. Dies gilt nicht nur für biologische Systeme, sondern auch für andere Typen von Systemen, deren Organisation den Prinzipien der Autopoiese folgen: psychische Systeme (und damit die Beobachtung im engeren, umgangssprachlichen und psychologischen Sinne) und soziale Systeme (die für Fragen der Therapie und Beratung oder des Managements, der Politik usw. von zentraler Bedeutung sind).

3.5 Strukturdeterminiertheit – Perturbation/Irritation vs. Instruktion

Die Frage nach dem Verhältnis operational geschlossener Systeme zu den Geschehnissen in ihrer Umwelt ist am Beispiel des Nervensystems bereits weitgehend beantwortet worden. Dennoch scheint es wichtig, noch einmal einen Blick auf die Konzeptualisierung dieser Beziehung zu werfen, da auch soziale und psychische Systeme als autopoietische Systeme verstanden werden können und sich auch dort die Frage nach der System-Umwelt-Beziehung und -Interaktion stellt.

Beginnen wir wieder mit einem konkreten Beispiel, um nicht zu sehr in Abstraktionen zu schwelgen. Es stammt von Gregory Bateson (1967, S. 520): Wenn man einen Stein tritt, so kann man seine Flugbahn im Idealfall berechnen, da man die Gesetze der Physik anwenden und die aufgewandte Kraft in Beziehung zur Masse des Steins setzen kann (hier erweist sich der Stein als triviale Maschine). Tritt man hingegen einen Hund, so kann man ebenfalls die Gesetze der Physik anwenden. Sie reichen aber nicht aus, um das Verhalten des Hundes vorherzusagen: Ob er davonfliegt oder wegläuft, bellt, jault oder beißt, hängt zu einem guten Teil von seinem Innenleben ab – und das ist von außen nicht beobachtbar. Der Hund ist als ein autopoietisches, operational geschlossenes System zu betrachten, er reagiert nichttrivial, d. h. nicht auf den Tritt, sondern in Abhängigkeit von seinen aktuellen internen Zuständen und Strukturen.

Aus der Sicht des Beobachters 2. Ordnung lässt sich sagen: Der Tritt ist für den Hund als Beobachter 1. Ordnung weit mehr als nur die Einwirkung von Energie (das ist er *auch*), denn er gibt ihm eine Bedeutung, verwendet ihn als Information, und sie bestimmt sein Verhalten. Wenn er den plötzlich tretenden Menschen bislang nur als Schappi-Dosen öffnendes, liebevolles „Herrchen" kennen gelernt hat, so wird er in seiner Erwartung enttäuscht. Statt des Geräusches des elektrischen Dosenöffners spürt der Hund nun den Tritt in den Weichteilen. Er reagiert darauf entsprechend seinen internen biologischen und psychischen Strukturen. Das Erste ist der Schmerz. Doch dass er einen Schmerz spürt, ist nicht durch den Fußtritt verursacht, sondern dazu bedarf es weit mehr als eines Trittes. Er muss intern über die zur Schmerzempfindung nötigen Strukturen verfügen: sensorische Zellen, Nervenbahnen zum Gehirn, bestimmte Zentren im Gehirn, die das Schmerzerleben steuern usw. Wenn unser Hund beispielsweise mit Schmerzmitteln vollgestopft oder einer Operation unterzogen worden wäre, die bestimmte, für das Erleben von Schmerz notwendige Nervenverbindungen unterbrochen hätte, so würde er anders auf den Tritt reagieren, als er dies bei vollem Schmerzerleben tut.

Dieses Beispiel illustriert ganz gut die Beziehung zwischen Ereignissen und Geschehnissen in der Umwelt, im Interaktionsbereich eines autopoietischen, operational geschlossenen Systems und in den Aktionen des Systems. Derartige Geschehnisse beeinflussen das jeweilige System zwar, aber sie *determinieren* nicht seine Reaktionen. Der Hund reagiert auf den Tritt, aber wie er reagiert, hängt von seiner eigenen Struktur ab. Er ist – um wieder die von Maturana und Varela eingeführte Terminologie zu verwenden – „autonom", und sein Verhalten ist „strukturdeterminiert". Die Einwirkungen, die solche Systeme in der Interaktion mit ihren Umwelten erfahren, sind „Ver-Störungen", die entsprechend den internen Strukturen und Organisationsmustern der Prozesse ausgeglichen werden. Der Tritt mag den Hund aus dem Gleichgewicht bringen; wie er versucht, es wiederzugewinnen, ist von internen Prozess-Schemata (Organisation) bestimmt.

„Strukturdeterminierte Systeme erfahren ausschließlich Veränderungen, die durch ihre Organisation und ihre Struktur determiniert sind. Diese sind entweder Zustandsveränderungen (definiert als Veränderungen ihrer internen Struktur ohne Verlust ihrer Identität) oder führen zu ihrer Auflösung (definiert als Veränderungen ihrer Struktur mit Identitätsverlust)" (Maturana 1978, S. 242 f.).

Autopoietische Systeme verhalten sich *immer und ausschließlich* aufgrund ihrer *aktuellen* internen Strukturen und Prozesse. Sie sind selbstbezogen und innengesteuert. Darin besteht ihre Autonomie. Das heißt aber nicht, dass sie unabhängig von dem sind, was in ihren Umwelten geschieht, sondern nur, dass sie höchst individuell auf diese Geschehnisse reagieren, die daher nicht als „Ursachen" im geradling-kausalen Sinne betrachtet werden können, sondern lediglich als Auslöser für innengesteuerte Verhaltensweisen. Da diese *äußeren* Auslöser zu system*internen* Veränderungen führen (nichttriviale Systeme), ist für den außen stehenden Beobachter nicht vorhersehbar, ob beim zweiten Mal auf dieselbe Art eines äußeren Ereignisses wieder mit derselben Reaktion zu rechnen ist. Aus diesem Grund sind solche (nichttrivialen) Systeme prinzipiell nicht von außen steuerbar, oder, um wiederum die Terminologie Maturanas zu verwenden: Es gibt mit ihnen keine „instruktive Interaktion", bei der ein Interaktionsteilnehmer das Verhalten des anderen ein-eindeutig festlegen könnte.

Die äußeren Auslöser für strukturdeterminierte Veränderungen werden als „Perturbationen" oder auch (speziell im soziologischen Kontext) als „Irritationen" bezeichnet.

Autopoietische, operational geschlossene Systeme können sich in der Interaktion mit ihren sie irritierenden Umwelten verändern; sie entwickeln sich, strukturieren sich so um, dass ihr Überleben weiterhin – wenn auch verändert – gewährleistet ist. Wenn sie überleben, dann überleben sie – oder sie überleben nicht, dann überleben sie nicht. Eine dritte Möglichkeit gibt es nicht.

Autopoiese ist ein Prozess, der nach dem Alles-oder-nichts-Prinzip funktioniert, d. h., es gibt kein „besser" oder „schlechter". Man kann nicht ein bisschen schwanger sein, und es ist nicht möglich, ein bisschen autopoietisch zu funktionieren. Dasselbe gilt dementsprechend für die

Anpassung an die Umwelten; sie ist entweder gegeben – das Leben geht weiter –, oder sie ist nicht gegeben – das Leben findet sein Ende. Bewertungen wie „besser angepasst" oder „schlechter angepasst" müssen daher aus der Perspektive der Autopoiese-Theorie dem Beobachter zugerechnet werden, d. h., sie sagen etwas über dessen Bewertungskriterien aus und nichts über die autopoietische Organisation des jeweiligen Systems.

Der Unmöglichkeit der „instruktiven Interaktion", d. h. der Unmöglichkeit der Steuerung solcher Systeme im Sinne einer geradlinigen Ursache-Wirkungs-Beziehung von außen, steht aber die Möglichkeit der „destruktiven Interaktion" entgegen. Solche Systeme können in der bzw. durch die Interaktion mit ihren Umwelten ihre Integrität und ihre Identität als abgegrenzte Einheiten verlieren, d. h., sie können nicht nur „verstört", sondern auch „zerstört" werden. Nur im Hinblick auf die destruktiven Wirkungen kann es zu einer geradlinigen Kausalität zwischen Ereignissen in der Interaktion mit der Umwelt und dem autopoietischen System kommen. Immer wenn die autopoietische Organisation aufgelöst wird und Operationen, die das System als Einheit konstituieren und erhalten, nicht mehr fortgesetzt werden, endet das Leben. Und dieses Ende kann von außen bewirkt werden. Bei biologischen Systemen: der Schuss einer Pistole, ein Messerstich usw.; bei anderen Formen autopoietischer Systeme wie etwa Unternehmen: die Insolvenz, die feindliche Übernahme; bei Staaten wie der DDR: die Auflösung.

Hier zeigt sich in der Struktur und Dynamik autopoietischer Systeme ein merkwürdiger Widerspruch: Sie können zwar nicht gesteuert werden, aber sie können zerstört werden. Manchmal verhalten sie sich so, als würden sie gesteuert, um zu verhindern, dass sie zerstört werden. Dies ist die Grundlage von Machtbeziehungen.

Die zweite, gerade für die Theorie sozialer Systeme noch wichtigere Konsequenz, die aus der Strukturdeterminiertheit autopoietischer Systeme resultiert, ist die, dass die überkommenen und in der Technik immer noch weitgehend als gültig erachteten Vorstellungen von Kommunikation nicht aufrechterhalten werden können. Wenn es nicht möglich ist, instruktiv zu interagieren, so ist es auch unmöglich, dass ein Individuum oder ein System („Sender") einem anderen („Empfänger") Informationen „übermitteln" kann. Denn dies würde voraussetzen, dass der Sender die Zustände des Empfängers determinieren kann. Im Bereich der technischen Kommunikation ist dies möglich: Ein Fernsehsender sendet Signale aus – elektromagnetische Wellen –, die den Zustand bzw. die Zustandsänderungen im Fernsehapparat festlegen. Daher kann man als Nutzer solch einer trivialen Maschine ziemlich sicher sein, dass die Sendung, die man gerade am Bildschirm verfolgt, nicht das Ergebnis eines kreativen Schöpfungsprozesses des Fernsehapparates ist.

4 Von der Übermittlung von Information zur Kreation von Information

4.1 Das Sender-Empfänger-Modell

Die Versuchung ist groß, die Logik und Mechanik technischer Geräte auch dem Menschen zuzuschreiben. So orientiert sich das Bild, das die Öffentlichkeit vom Funktionieren des Menschen hat, seit langer Zeit schon an den Maschinen, die Menschen zu ihrer Zeit verwenden. Das Sender-Empfänger-Modell der Kommunikation ist ein gutes Beispiel dafür: Ein Mensch sagt einen Satz – z. B. eine Aufforderung wie: „Trag den Mülleimer runter!" –, und ein anderer „gehorcht" – d. h., er folgt dieser Aufforderung und trägt den Mülleimer runter. Der eine hat das „Sagen", er befiehlt, der andere ist der „Befehlsempfänger", und er tut, was ihm gesagt wird. So wie es in diesem banalen Beispiel skizziert ist, scheint Kommunikation nach einem geradlinigen Ursache-Wirkungs-Schema abzulaufen: Der Sender gibt dem Empfänger eine Information – hier eine Anordnung – und legt damit das Verhalten des Empfängers fest – eine deterministische Beziehung, so scheint es.

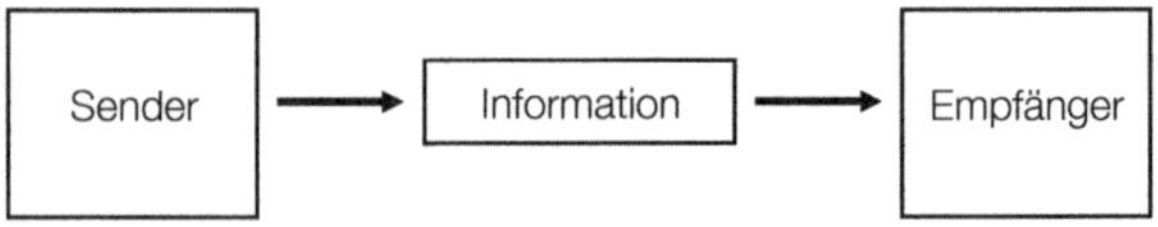

Abb. 7

Die oben stehende Abbildung (Abb. 7) zeigt die implizite Logik dieses Modells der Informationsübertragung. Und obwohl irgendetwas an diesem Modell sicher auch richtig ist, ist es doch, was die Eigenarten menschlicher Kommunikation betrifft, falsch. Unbestreitbar ist, dass auch der menschliche „Sender" in einem gewissen Maße festlegt, was beim menschlichen „Empfänger" ankommt. Wer sagt „Trag den Mülleimer runter!" hat aus der nahezu unbegrenzten Vielfalt der möglichen Lautkombinationen eine bestimmte ausgewählt und sie realisiert. Dies hat objektivierbare Folgen: Schallwellen werden produziert, die sich – ganz analog den elektromagnetischen Wellen des Fernsehsenders – ausbreiten und schließlich das Ohr des Adressaten erreichen. Er hört die Laute, d. h., die Schallwellen produzieren in seinem Ohr einen Effekt, der weitgehend vorhersehbar ist (und wenn nicht, dann wird ein Ohrenarzt untersuchen, woran es liegt, dass der Betreffende nicht hört – im Sinne von: taub ist). Doch damit ist keineswegs gesagt, dass er auch im übertragenen Sinne „hört" bzw. „gehorcht". Denn dies ist nicht eine Frage der Übermittlung von Schallwellen, sondern ihrer Interpretation. Je nachdem, welche Bedeutung derjenige, der die gesprochenen Sätze hört, ihnen gibt, wird er sich auf die eine oder andere Weise verhalten. Der Informationsgehalt ist von Hörer zu Hörer qualitativ und quantitativ höchst unterschiedlich.

Wenn wir noch einmal auf die oben gezeigte Abbildung schauen, an der sich die technische Informationstheorie, wie sie von Shannon und Weaver (1949) entwickelt wurde, orientiert, so zeigt sich, dass es eigentlich eine Theorie der *Signal*übertragung ist.

Was in der Grafik als Information bezeichnet wird, sind unterscheidbare *Signale*. Welcher „Sinn" ihnen zugeschrieben werden muss oder kann, bleibt offen. Wir müssen die Darstellung also modifizieren, wenn wir es mit der Kommunikation zweier nichttrivialer Systeme zu tun haben, die obendrein noch aufgrund interner Prozesse strukturdeterminiert festlegen, welche Bedeutung sie äußeren Ereignissen (z. B. den akustisch wahrgenommenen Worten „Trag den Mülleimer runter!") zuschreiben.

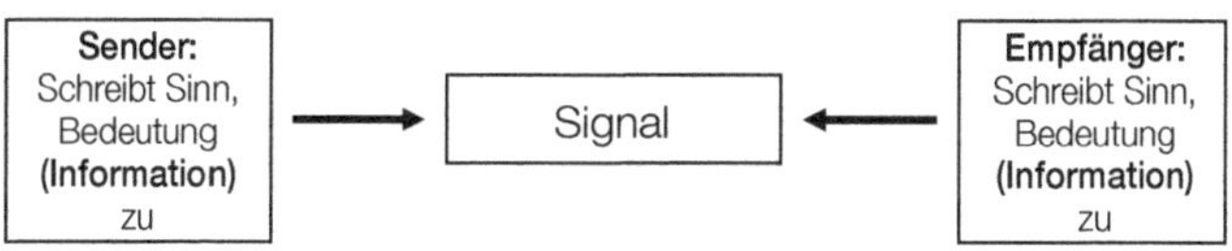

Abb. 8

Wir haben es also mit einem anderen Verständnis von Information und damit auch von Kommunikation zu tun. Der Empfänger, wenn wir ihn denn überhaupt so nennen wollen, ist in seinem Verhalten (nicht einmal in seiner Wahrnehmung) nicht passiv durch den Sender bestimmt, sondern aufgrund seiner Strukturdeterminiertheit in jedem Moment aktiv an der Gestaltung des Geschehens beteiligt. Er nimmt nie nur die Botschaften des Anderen wahr, sondern er erschafft sie erst in ihrer spezifischen Bedeutung, indem er ihnen eine Realität zuordnet oder, um hier die Terminologie der „Er-Rechnung einer Realität" fortzuführen, ihnen *zurechnet*.

4.2 Definition von Information: Unterschiede, die Unterschiede machen

Wie lässt sich der Begriff Information im Rahmen menschlicher Kommunikation und Kognition angemessen definieren? Hier weist Gregory Bateson den Weg, indem er bei der Wahrnehmung ansetzt:

„(...) Wahrnehmung arbeitet nur mit Unterschieden. Jede Informationsaufnahme ist notwendig die Aufnahme einer Nachricht von einem *Unterschied*, und alle Wahrnehmung von Unterschieden ist durch Schwellen begrenzt. Unterschiede, die zu klein oder zu langsam dargestellt sind, können nicht wahrgenommen werden. Sie sind keine Nahrung für die Wahrnehmung" (Bateson 1979, S. 39 f.).

So sind es nicht die Eigenschaften (Unterschiede) der Objekte oder der Systeme, die wir beobachten, die uns Informationen liefern, sondern es bedarf der Eigenschaften dieser Eigenschaften, *wahrnehmbar* zu sein. Dazu müssen sie von *etwas anderem* unterschieden werden:

„Unterschiede sind ihrer Natur nach Beziehungen und daher nicht in der Zeit oder im Raum lokalisiert. Wir sagen, dass der weiße Fleck ‚dort', ‚in der Mitte der Tafel' ist, aber der Unterschied zwischen dem Fleck und der Tafel ist nicht ‚dort'. Er ist nicht in dem Fleck; er ist nicht in der Tafel; er ist nicht in dem Raum zwischen der Kreide und der Tafel. Ich könnte die Kreide von der Tafel abheben und sie nach Australien schicken, aber dadurch würde der Unterschied nicht zerstört oder verschoben, weil ein Unterschied keine Ortsbestimmung hat [...]

Informationen bestehen aus Unterschieden, die einen Unterschied machen. Wenn ich die Aufmerksamkeit auf den Unterschied zwischen der Kreide und einem Stück Käse richte, werden Sie durch diesen Unterschied beeinflusst, indem Sie es vielleicht unterlassen, die Kreide zu essen, oder dies vielleicht probieren, um meine Behauptung zu verifizieren" (Bateson 1979, S. 122 f.).

Die Definition von Information als „Unterschied, der einen Unterschied macht“ ist aus pragmatischer Sicht von entscheidender Bedeutung, gerade im Hinblick auf die Gesetzmäßigkeiten menschlicher Kommunikation. Denn die kommunizierten Inhalte hängen nicht mehr allein von der Bedeutungsgebung des vermeintlichen „Senders“ ab, d. h. den Unterschieden, die *für ihn* einen Unterschied machen, sondern auch von den Interpretationsschemata des vermeintlichen „Empfängers“, d. h. von den Unterschieden, die *für ihn* einen Unterschied machen.

4.3 Beobachten – Unterscheiden und Bezeichnen

Aus der Perspektive des Beobachters 2. Ordnung können wir feststellen, dass die Kreation von Information durch einen Beobachter 1. Ordnung (eines komplexen Systems) im Prinzip darin besteht, interne Unterscheidungen zu vollziehen und mit ihnen zu arbeiten. An diesem Punkt ergibt sich die Brücke zum Werk eines Autors, der innerhalb der neueren Systemtheorie besondere Bedeutung gewonnen hat. Es handelt sich um den britischen Mathematiker George Spencer-Brown, der in seinem Buch „Laws of Form“ (1969) nachweist, dass sich alle logischen Strukturen (und damit auch alle Strukturen von Wirklichkeitskonstruktionen) aus einem einfachen Operationsprinzip ableiten lassen: der Kreation von Unterscheidungen.

Spencer-Brown beginnt bei der Selbstkreation lebender Systeme als Unterscheidungen und stellt fest, „dass ein Universum zum Dasein gelangt, wenn ein Raum getrennt oder geteilt wird. Die Haut eines lebenden Organismus trennt eine Außenseite von einer Innenseite. Das gleiche tut der Umfang eines Kreises in einer Ebene. Indem wir unserer Darstellungsweise einer solchen Trennung nachspüren, können wir damit beginnen, die Formen, die der Sprachwissenschaft wie der mathematischen, physikalischen und biologischen Wissenschaft zugrunde liegen, mit einer Genauigkeit und in einem Umfang, die fast unheimlich wirken, zu rekonstruieren, und wir können anfangen zu erkennen, wie die vertrauten Gesetze unserer eigenen Erfahrung unweigerlich aus dem ursprünglichen Akt der Trennung folgen“ (Spencer-Brown 1969, S. XXXV).

Der Beobachter startet den Aufbau seiner Welt – eines Universums (wohlgemerkt: nicht *des* Universums) – damit, dass er Unterscheidungen vollzieht oder sich mit Unterscheidungen konfrontiert sieht (falls er sich selbst die Verantwortung für die wahrgenommenen Unterschiede nicht zuschreiben will oder kann – was ja seinerseits schon die Unterscheidung zwischen „aktiv" und „passiv" voraussetzen würde).

Mit Fortschreiten dieses Prozesses werden Unterscheidungen an Unterscheidungen gefügt, bis irgendwann eine differenzierte Struktur entstanden ist, die sich als Eigenstruktur durch die Fortsetzung der sie bildenden Prozesse erhält. Spencer-Brown geht, da ihn in seinem Kalkül lediglich die Mathematik zu interessieren hat, allerdings nicht so weit, derartige Interpretationen zu liefern, sie liegen aber aus systemtheoretischer Sicht nahe. Das Unterscheiden als basale Operation zu betrachten stimmt mit der Definition Batesons überein, der die Operation des Unterscheidens als Informationsschöpfung identifiziert. Aber auch der Bezug zum Konzept der Autopoiese und der Definition von biologischen Strukturen als kognitiven Strukturen, wie Maturana ihn herstellt, kann durch die Überlegungen Spencer-Browns gestützt werden. Denn die (biologische) Herstellung einer Innen-außen-Unterscheidung und ihre interne, hochkomplexe Strukturierung (etwa als Hirnstruktur, als Verknüpfung von Neuronen bzw. deren Degeneration) können als Formung einer aus Unterscheidungen von Unterscheidungen entstehenden informationellen Struktur, d. h. als „Erkenntnis", als „Wissen", aufgrund dessen operiert wird, verstanden werden.

Allerdings scheint auch damit die Henne-Ei-Frage nicht beantwortet zu sein: Wird zunächst operiert, und werden dann aufgrund dieser Operationen (Interaktionen mit der Umwelt) die individuellen Unterscheidungen vollzogen (internen Strukturen gebildet), oder ist es umgekehrt, dass zuerst die Unterscheidungen vollzogen werden und dann operiert wird. Aber diese Frage ist letztlich unentscheidbar, da im Laufe der individuellen Entwicklungsgeschichte beides durch die Entwicklung und Differenzierung sensomotorischer Schemata zirkulär miteinander verknüpft ist.

In Spencer-Browns Kalkül steht am Anfang auf jeden Fall die Operation. Er gibt eine Anweisung („Injunktion"), mit der er den Prozess der Konstruktion eines jeden Universums beginnen lässt: „Triff eine Unterscheidung" (Spencer-Brown 1969, S. 3). Es ist das Wesen der

Mathematik – und hier liegt eine ihrer wesentlichen Qualitäten –, dass sie mit Anweisungen arbeitet. Sie sagt demjenigen, der sich auf sie einlässt, was er zu tun hat. Und wenn er das tut, dann kommt er in der Regel berechenbar zu einem vorhersehbaren Ergebnis. Auf diese Weise ermöglicht sie, Erkenntnisse zu kommunizieren, die sich nicht beschreiben lassen. Es ist das Funktionsprinzip von Kochrezepten. Wenn man jemandem, der noch nie einen Pfirsichkuchen gegessen hat, beschreiben will, wie ein Pfirsichkuchen schmeckt, so ist die beste Methode, ihm ein Backrezept zu geben. Wenn er dann den Kuchen gebacken hat, kann er hineinbeißen und selbst die Erfahrung machen, wie solch ein Kuchen schmeckt. Eine verbale Beschreibung hätte nie zu solch einem Ergebnis geführt. In diesem Sinne funktioniert auch Mathematik mithilfe von Injunktionen: Zähle drei und drei zusammen, und Du erhältst …

Eine Erkenntnistheorie auf solche Injunktionen zu bauen ist offensichtlich auch und gerade für praktische Fragestellungen nützlich. Doch zurück zu Spencer-Brown und seinem „Kalkül der Bezeichnungen“ (*calculus of indications*).

Er fügt seiner Anweisung, eine Unterscheidung zu treffen, erklärend hinzu, dass dieses Unterscheiden verbunden oder gleichzusetzen sei mit dem Ziehen einer Grenze zwischen innen und außen. Dabei wird der Innenseite ein Wert zugeschrieben, welcher der Außenseite nicht zugeschrieben wird. Diese Unterscheidung soll „erste Unterscheidung“ genannt werden.

„Nenne den Raum, in dem sie getroffen wird, den Raum, der durch die Unterscheidung geteilt oder gespalten wird.

Nenne die Teile des Raumes, der durch die Teilung oder Spaltung gebildet wird, die Seiten der Unterscheidung oder wahlweise die Räume, Zustände oder Inhalte, die durch die Unterscheidung unterschieden werden“ (Spencer-Brown 1969, S. 3).

Jeder Zustand, der durch eine Unterscheidung unterschieden und markiert wird, soll „markierter Zustand“ genannt werden. „Markiert“ steht hier dafür, dass der Zustand „erkannt“ wird. Der nicht markierte Anteil der Form, d. h. die Außenseite der markierten Unterscheidung, soll „unmarkierter Zustand“ genannt werden.

Wichtig dabei ist, dass zwischen dem markierten und unmarkierten Raum, Zustand oder Inhalt (diese Begriffe sind hier äquivalent verwendet) immer ein Wertunterschied vom Beobachter festgestellt wird. Ohne solche Wertunterschiede könnten wir, um das ein wenig zu konkretisieren, gar nicht wahrnehmen. Die Fähigkeit, Farben oder hell und dunkel voneinander unterscheiden zu können, hängt beispielsweise davon ab, dass unsere sensorischen Zellen unterschiedlich reagieren und aufgrund ihrer eigenen Erregungsschwellen Grenzen ziehen, wobei sie der einen Seite einen (Farb-)Wert oder (Helligkeits-)Wert zuschreiben, den sie der anderen Seite nicht zuschreiben.

Doch das Unterscheiden als Handlung oder Aktivität des Beobachters zu definieren geschieht aus der Perspektive des Beobachters 2. Ordnung. Denn für den Beobachter 1. Ordnung, der eine Unterscheidung trifft (ob aufgrund der Anweisung oder warum auch immer), ist erst einmal allein von Belang, dass er mit einer Unterscheidung konfrontiert ist, und jede Wortwahl, die darüber hinausgehende, differenziertere Bedeutungen suggeriert, ist unangemessen. Daher kann dieses „Treffen einer Unterscheidung" höchst vieldeutig interpretiert werden, denn beim „Treffen einer Unterscheidung" ist keineswegs von vornherein klar, wer denn hier wen trifft: Ob es sich um eine Aktivität oder ein passives Geschehen handelt, das muss erst später „konstruiert" oder „erfunden" werden. Mit den Worten Spencer-Browns:

> „Bei neuerlicher Betrachtung des ersten Kommandos,
> triff eine Unterscheidung,
> merken wir an, dass es ebenso gut ausgedrückt werden kann etwa durch
> lass da eine Unterscheidung sein
> finde eine Unterscheidung
> erkenne eine Unterscheidung
> beschreibe eine Unterscheidung
> definiere eine Unterscheidung
> oder
> lass eine Unterscheidung getroffen werden

da wir hier einen Ort erreicht haben, der so primitiv ist, dass Aktiv und Passiv sowie auch eine Anzahl anderer eher peripherer Gegensatzpaare schon lange ineinander kondensiert sind und fast jede Form von Worten mehr Kategorien suggeriert, als tatsächlich vorhanden sind" (Spencer-Brown 1969, S. 72 f.).

Auf jeden Fall lässt sich feststellen, dass – ausgehend von einer ersten Unterscheidung – ein hoch differenziertes System konstruiert werden kann. Der gesamte Raum, Zustand oder Inhalt, der durch diese Unterscheidung gespalten wurde, soll „Form“ genannt werden (vgl. Spencer-Brown 1969, S. 4).

Der Spencer-Brownsche Formbegriff weicht von der umgangssprachlichen Verwendung insofern ab, als er die Gesamtheit von innen und außen umfasst, d. h. die Unterscheidung und den „Raum, Zustand oder Inhalt“, innerhalb deren sie vollzogen wurde. Mit anderen Worten: Die Form umfasst immer auch die Umwelt eines Objektes, den Kontext, innerhalb dessen es beobachtet wird.

Um den Anschluss an die Überlegungen Maturanas und Varelas herzustellen: Die Form ist als ein spezifischer Phänomenbereich *(phenomenal domain)*[1] definiert, der seinerseits von anderen Phänomenbereichen unterschieden werden kann.

Im Falle der Beobachtung haben wir es nun mit zwei Phänomenbereichen, d. h. mit zwei unterschiedlichen Formen, zu tun: dem Bereich der ersten Unterscheidung und dem Bereich der Namen. Denn außer der Unterscheidung, die aufgrund der Aufforderung, eine Unterscheidung zu treffen (das eine zu tun und *nicht* irgendetwas anderes), vollzogen wird, kann auch noch eine Unterscheidung im Bereich der Zeichen und Signale getroffen werden. Die erste Unterscheidung kann „benannt“ werden, indem beide Unterscheidungen miteinander korreliert werden.

Man vollzieht eine Handlung (man macht einen Unterschied = markiert einen Raum) und gibt ihr (ihm) einen Namen (bezeichnet ihn durch ein Signal). Aus der Kopplung dieser beiden Operationen (Unterscheidungen) besteht das Beobachten: als Einheit von *Unterscheiden und Bezeichnen*. Die 1. Unterscheidung wird dem Bereich der Phänomene zugerechnet, die 2. Unterscheidung dem Bereich der Signale oder Zeichen (z. B. der Sprache).

1 In den oben zitierten Maturana-Texten ist dieser Begriff mit „spezifische Erscheinungswelt“ ins Deutsche übersetzt; „Phänomenbereich“ hat sich aber inzwischen als deutsche Übersetzung durchgesetzt.

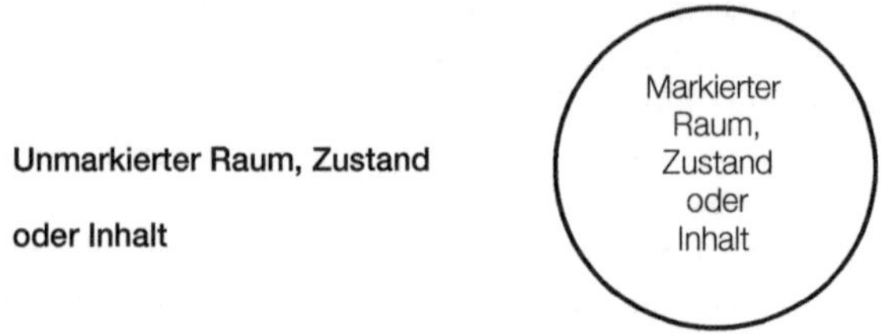

Abb. 9: Form der ersten Unterscheidung (z. B. Bereich der beobachteten/ erkannten Phänomene): Ein Raum, Zustand oder Inhalt – hier das Blatt Papier als Phänomenbereich – ist durch eine Grenze gespalten in einen Bereich innerhalb der Grenze und einen Bereich außerhalb der Grenze.

Abb. 10: Form der zweiten Unterscheidung (z. B. Bereich der Sprache):
Der Innen- und der Außenseite der ersten Unterscheidung kann ein Name zugeschrieben werden; der so gespaltene „Raum" besteht aus Zeichen, d. h. hier: dem Phänomenbereich der Worte.

Durch die Kopplung der ersten Unterscheidung (der ersten Form) und der zweiten Unterscheidung (der Form der Bezeichnung) wird es möglich, über unterschiedene Phänomene zu kommunizieren.

Das Beispiel oben, in dem zwischen „System" und „Umwelt" unterschieden wird (wir hätten auch jedes andere Beispiel wählen können, etwa den Unterschied zwischen der „Katze Schmiesel" und dem „Rest der Welt"), illustriert auch, warum in unserem alltäglichen Sprachgebrauch meist „Form" als Eigenschaft eines Gegenstandes wahrgenommen wird: Wenn die Umwelt als gleich angenommen wird und unmarkiert bleibt, so wird sie nicht „erkannt", und es liegt nahe, dass man die unterscheidbaren Merkmale einem beobachteten Gegenstand zuschreibt. Doch das ist leichtfertig, wenn auch in den meisten Fällen alltäglicher Erkenntnis durchaus ökonomisch funktionell. Denn diese vermeintlichen Merkmale eines Gegenstandes sind ein Aspekt der Beziehung zwischen innen und außen. Steckt man nämlich die Katze in die „falsche" Umwelt, so hört sie auf „Katze" zu sein, und sie gibt auch „ihre" Form auf (z. B. wenn man sie in eine luftundurchlässige Hülle steckt oder in Säure baden lässt – dem Katzenquäler werden andere Beispiele einfallen).

Nur die eine Seite einer Unterscheidung zu benennen ist deswegen ökonomisch nützlich, weil nicht immer der gesamte Kontext mitdefiniert werden muss. Das Risiko ist allerdings, dass dadurch die Rolle des Kontextes bzw. der jeweiligen Umwelt „weggedacht" wird, d. h., dass von einem elementaren Bestandteil des Bedingungsgefüges, das die beobachteten Phänomene erst möglich macht, abstrahiert wird. Es gerät aus dem Blickfeld oder wird zum blinden Fleck des Beobachters.

Alfred Korzybski war wahrscheinlich nicht der Erste, der bemerkte, dass „die Landkarte nicht die Landschaft ist" („the map is not the territory", 1933), aber er war wohl derjenige, der mit dieser Feststellung die nachhaltigste Wirkung erzielte. Wann immer wir über irgendetwas nachdenken oder reden, d. h. sprachliche oder sprachartige Zeichen oder Symbole benutzen, laufen wir stets Gefahr, dass wir die Merkmale des Zeichensystems, das wir verwenden, mit den Merkmalen des Bezeichneten verwechseln. Und das ist langfristig nicht ungefährlich, weil man womöglich seine Entscheidungen aufgrund irriger Vorannahmen trifft oder, um es in eine andere beliebte Metapher zu kleiden, anfängt, die Speisekarte zu verzehren.

Das hat vor allem für die zwischenmenschliche Kommunikation weit reichende Folgen, denn da psychische Systeme wie alle anderen autopoietischen Systeme als operational geschlossen betrachtet werden müssen, „entscheidet" letztlich jedes Individuum selbst, welche Bedeutung es welchen Worten gibt, d. h., wie es die erste und die zweite Unterscheidung miteinander verknüpft. Allerdings sind nicht alle Verknüpfungen nützlich, um sich seinen Mitmenschen verständlich zu machen. Denn wenn unterschiedliche Menschen die Worte nicht zumindest ähnlich gebrauchen würden, wäre es nicht möglich, sich gegenseitig verständlich zu machen („Die Bedeutung eines Wortes ist sein Gebrauch in der Sprache", Wittgenstein 1958, S. 43).

4.4 Re-Entry

Durch die Koppelung von erster und zweiter Unterscheidung kommt es gewissermaßen zu einer Verdoppelung der getroffenen Unterscheidung: Die eine wird als real kategorisiert, die andere bezeichnet diese vermeintliche Realität. Nunmehr kann die zweite Unterscheidung gewissermaßen stellvertretend für die erste Unterscheidung manipuliert oder bearbeitet werden. Nicht alle Operationen müssen realisiert werden, sie können auch erst fiktiv oder imaginär vollzogen werden, es kann über sie gesprochen oder nachgedacht werden, es kann zur Probe gehandelt werden, am Modell operiert werden, es können virtuelle Realitäten geschaffen werden usw.

Der wohl wichtigste Punkt ist der, dass die Unterscheidung zwischen dem jeweiligen kognitiven System und seiner Umwelt – auf der Ebene der Bezeichnungen – in das System (wieder)eingeführt werden kann. In der systemtheoretischen Literatur hat sich dafür der von Spencer-Brown verwendete Begriff des Re-Entry durchgesetzt. Gemeint ist damit, dass der Beobachter eine Unterscheidung vollziehen kann, indem er beispielsweise zwischen innen und außen in Bezug auf sich selbst unterscheidet, d. h. zwischen *Selbst* und *Umwelt*. Da die Unterscheidung zwischen innen und außen (*Selbst/Umwelt*), mit der er intern operiert, von ihm selbst gebildet wird, ist sie in die Unterscheidung (d. h. auf der Innenseite) eingeführt worden. Die Außenseite der Unterscheidung (Umwelt) kann nunmehr auf der Innenseite (d. h. innerhalb des Systems) lokalisiert und beobachtet werden (und ist damit – zumindest aus der Sicht des Beobachters 2. Ordnung – zu einem Teil des als *Selbst* bezeichneten Phänomenbereichs geworden).

Das Re-Entry von System-Umwelt-Unterscheidungen ist die Voraussetzung dafür, dass kognitive Systeme sich selbst mit ihren jeweiligen Umwelten und in der Beziehung zu ihnen beobachten können. Allerdings sollte klar sein, dass es ein Re-Entry in den uns interessierenden Fällen meist nur auf der Ebene der zweiten Unterscheidung, d. h. der Ebene der Zeichen und ihrer Bedeutungen, geben kann. Denn die erste Unterscheidung, durch die beispielsweise eine Katze als Einheit sich von allem, was in ihrer Umwelt geschieht, abgrenzt – etwa einem Hund –, ist an bestimmte materielle Prozesse gebunden, welche die Möglichkeiten der Wiedereinführung der Unterscheidung in das Unterschiedene begrenzen. Nehmen wir die Katze als System und den Hund als Umwelt, so kann die Außenseite der Unterscheidung (d. h. der Hund) nicht materiell in die Katze eingeführt werden. Sie müsste ihn verschlingen, was bei größeren Katzen und kleineren Hunden ja durchaus denkbar wäre, nur würde der Hund dann aufhören, als Hund zu existieren. Seine Autopoiese würde ihr Ende finden, und er würde sich als Einheit auflösen; bei Bandwürmern, Bakterien oder unbelebten Objekten wie Nägeln und Kinderspielzeug usw. wäre das rein physisch möglich. Doch für ein Re-Entry müsste sich die Katze noch verdoppeln und anschließend selbst verschlingen. Auf der Ebene der Zeichen und Symbole bzw. der Namen lässt sich dagegen ohne große Mühen fiktiv die Unterscheidung zwischen „Katze“ und „Hund“ – einem „System X“ und einer „Umwelt Y“ – konstruieren, bei der dann die Außenseite in die Innenseite eingeführt wird.

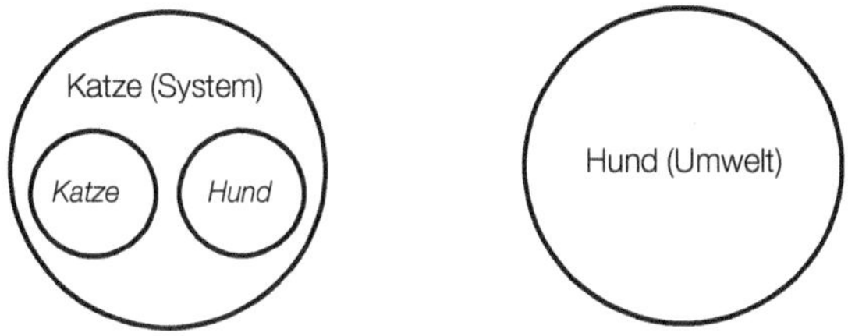

Abb. 11: Re-Entry einer System-Umwelt-Unterscheidung in das System

So kann das Phänomen des Re-Entry nur im Bereich *psychischer* und *sozialer* Systeme eine Rolle spielen, weil dort die Formbildung im Phänomenbereich der 2. Unterscheidung – der Ebene der Speisekarte, der Landkarte, der Zeichen, Symbole, Namen sowie ihrer Sinn- und Bedeutungsgebung – stattfindet.

Die vielfältigen Möglichkeiten zum Re-Entry auf der Ebene der 2. Unterscheidung bilden auch die Grundlage von logischen Paradoxien, die darauf beruhen, dass bei der Unterscheidung wahr/falsch ein Re-Entry stattfindet. Dies kann dazu führen, dass Aussagen dann wahr sind, wenn sie falsch sind, und falsch sind, wenn sie wahr sind.

4.5 Wahrheit vs. Viabilität – Die „Passung" zwischen Landschaft und Landkarte

Im Bereich der psychischen Systeme sind Konstruktivismus, genauer gesagt: radikaler Konstruktivismus, und sozialer Konstruktionismus die Stichworte, die ihm Rahmen systemtheoretischer Überlegungen die Diskussion leiten. Die Verwendung dieser Begriffe ist nicht einheitlich und manchmal nicht klar zu trennen. Alle stehen für psychologisch-philosophisch-erkenntnistheoretische Ansätze, die davon ausgehen, dass individuelle Weltbilder durch eine Geschichte von Interaktionen, die ein Individuum mit seiner physischen und sozialen Umwelt erfährt, geformt und aktiv „konstruiert" werden. Dabei ist Konstruktion nicht als ein bewusster Prozess zu verstehen in dem Sinne, in dem etwa ein Ingenieur eine Brücke konstruieren würde, sondern als unbewusster Prozess, bei dem Erfahrungen geordnet und zueinander mehr oder weniger konsistent in Beziehung gesetzt werden.

Vor allem Jean Piaget hat über Jahrzehnte hin diesen Entwicklungsprozess bei Kindern empirisch untersucht. Seine Studien zur genetischen Epistemologie waren und sind immer noch grundlegend und bahnbrechend. Piaget (als Beobachter 2. Ordnung) kam zu dem Schluss, dass dieser Prozess zu einer „Äquilibration der kognitiven Strukturen" des Kindes[2] führt (1975). Dies ist ein Prozessmuster, das uns von der Untersuchung selbstorganisierter komplexer Systeme vertraut ist. In der Interaktion mit der Umwelt kommt es zu einem Wechselspiel von „Adaption" und „Akkomodation". Das Kind macht in der Interaktion mit seiner Umwelt bestimmte Erfahrungen, und es entwickelt dabei „sensomotorische Schemata". Es bilden sich Muster, durch die Wahrnehmung und Verhalten miteinander gekoppelt werden, d. h., sie werden erlernt. Diese Schemata werden dann im weiteren Verlauf der Interaktion entweder bestätigt – sie funktionieren und führen zum Ziel –, sodass sie keiner Modifikation bedürfen, oder sie werden nicht bestätigt und müssen daher verändert werden. Werden sie bestätigt, so wird in der Terminologie Piagets die äußere Realität den kognitiven Schemata „assimiliert", d. h., alte, bereits verfügbare Schemata werden auf neue Situationen angewandt. Müssen hingegen die internen kog-

2 In der hier verwendeten Terminologie ist das Kind Beobachter 1. Ordnung.

nitiven Schemata verändert werden, um zur Umwelt zu passen, dann spricht er von „Akkomodation".

Piaget hat beide Begriffe aus der Biologie übernommen. Beispiele für Akkomodation ist etwa die Fähigkeit des Auges, sich auf ein entferntes Objekt so einzustellen, dass dieses scharf gesehen werden kann. Und unter Assimilation versteht man in der Biologie, dass etwa aufgenommene Stoffe so verändert werden, dass der Organismus sie verarbeiten kann (Piaget 1937, 1967, 1970, 1975).

Wenn wir dies in den hier vorgestellten Theorierahmen setzen, so sind Assimilation und Akkomodation die zwei Mechanismen, mit denen kognitive Systeme auf „Perturbationen" oder „Irritationen" in der Interaktion mit ihren Umwelten reagieren. Entweder sie werden so verstört und aus dem Gleichgewicht geworfen, dass es zu einer internen Veränderung oder gar Umstrukturierung kommt (Akkomodation), oder aber die äußeren Unterschiede werden dadurch bewältigt, dass sie intern als Nichtunterschiede behandelt werden. Das heißt, die aktuellen Erfahrungen werden mit bereits bekannten Vorerfahrungen identifiziert, die Wahrnehmungen werden als „bekannt" kategorisiert, und es wird mit dem für diese bekannte Situation verfügbaren Schema reagiert (Assimilation).

Auf diese Weise kommt es zu einem Anpassungsprozess, bei dem die Umwelt den kognitiven und Handlungsschemata ebenso angepasst wird, wie die Schemata der Umwelt angepasst werden.

Die von Piaget vertretene Position der Psychologie gehört zum so genannten Konstruktivismus. Der radikale Konstruktivismus, ein Begriff, der von Ernst von Glasersfeld stammt, schließt an die Arbeiten Piagets an, hat aber einen weiter gehenden erkenntnistheoretischen Anspruch, indem er radikal die Annahme infrage stellt, solche Konstruktionen hätten zwangsläufig irgendeine Ähnlichkeit mit der äußeren Realität oder würden sie gar abbilden. Mit den Worten Ernst von Glasersfelds:

„Die konstruktivistische Denkweise, mit deren Ausarbeitung ich mich in den letzten fünfzehn Jahren befasst habe, setzt sich vor allem darin von der philosophischen Tradition ab, dass sie das herkömmliche Verhältnis zwischen der Welt der fassbaren Erlebnisse und der ontologischen Wirklichkeit durch ein anderes begriffliches Verhältnis ersetzt. Wo die Überlieferung, trotz Kant, zwischen Erlebnis und ‚Wirklichkeit' stets Gleichförmigkeit, Übereinstimmung oder zumindest Korrespondenz als natürliche und unerlässliche Voraussetzung betrachtete, postuliert der radikale Konstruktivismus die grundsätzlich andersartige Beziehung der Kompatibilität oder, wie ich sie in Anlehnung an den englischen Ausdruck nennen mochte, der Viabilität.

Im Gegensatz zu der ‚ikonischen' Relation der Übereinstimmung, die – auch wenn nur eine ungefähre Annäherung postuliert wird – begrifflich auf Isomorphie beruht, ist die Relation der Viabilität auf den Begriff des Passens im Sinne des Funktionierens gegründet. Das heißt, etwas wird als ‚viabel' bezeichnet, solange es nicht mit etwaigen Beschränkungen oder Hindernissen in Konflikt gerät.

Ein metaphorisches Beispiel mag den Unterschied greifbarer machen. Ein blinder Wanderer, der den Fluß jenseits eines nicht allzu dichten Waldes erreichen möchte, kann zwischen den Bäumen viele Wege finden, die ihn an sein Ziel bringen. Selbst wenn er tausendmal liefe und alle die gewählten Wege in seinem Gedächtnis aufzeichnete, hätte er nicht ein Bild des Waldes, sondern ein Netz von Wegen, die zum gewünschten Ziel führen, eben weil sie die Bäume des Waldes erfolgreich vermeiden. Aus der Perspektive des Wanderers betrachtet, dessen einzige Erfahrung im Gehen und zeitweiligen Anstoßen besteht, wäre dieses Netz nicht mehr und nicht weniger als eine Darstellung der bisher verwirklichten Möglichkeiten, an den Fluss zu gelangen. Angenommen, der Wald verändert sich nicht zu schnell, so zeigt das Netz dem Waldläufer, wo er laufen kann; doch von den Hindernissen, zwischen denen alle diese erfolgreichen Wege liegen, sagt es ihm nichts, als dass sie eben sein Laufen hier und dort behindert haben. In diesem Sinn ‚passt' das Netz in den ‚wirklichen' Wald, doch die Umwelt, die der blinde Wanderer erlebt, enthält weder Wald noch Bäume, wie ein außenstehender Beobachter sie sehen könnte. Sie besteht lediglich aus Schritten, die der Wanderer erfolgreich gemacht hat, und Schritten, die von Hindernissen vereitelt wurden" (von Glasersfeld 1985, S. 8 f.).

Die Frage nach der Angemessenheit von Weltbildern („Landkarten") ist aus dieser Sicht natürlich erheblich schwerer zu beantworten. Die Antwort muss immer auch die Zwecke berücksichtigen, zu denen diese Landkarten verwendet werden (sollen). Wirklichkeitskonstruktionen verlieren auf diese Weise ihre ontologische Absolutheit, sie werden funktionalistisch betrachtet und dadurch relativiert.

Aber um hier Missverständnissen vorzubeugen: Die radikal konstruktivistische Position vertritt nicht die Auffassung, dass es beliebig ist, welches Weltbild konstruiert wird. Der Wahrheitsanspruch ist zwar aufgegeben, nicht aber der *Unwahrheitsanspruch*. Denn die Viabilität, die an die Stelle der Wahrheit getreten ist, besagt ja, dass nicht jedes Weltbild zur Welt *passt*. Wo der Beobachter mit Objekten zusammenstößt („Gegen die Bäume läuft …"), da kommt er meist nicht umhin, sein Weltbild anzupassen, d. h., es zu akkomodieren. Der kritische Rationalismus, wie er von Karl Popper (1935) entwickelt und postuliert wurde, fordert daher – passend zu radikal konstruktivistischen Positionen –, dass Hypothesen falsifizierbar sein müssen. Denn ihre Falsifikation ist eine Möglichkeit, einen interpersonellen Konsens über die Welt herzustellen, d. h., sich zu einigen, was alles *nicht* geht, welche Aussagen *nicht wahr* sind, welche Vorstellungen von der Welt als *falsch* zu erachten sind. Auf der Gegenseite gibt es eine Vielzahl von Weltmodellen, die allesamt mit der Welt kompatibel sind, d. h. es ermöglichen, mit ihrer Hilfe einen Weg durch das Dickicht der Realität zu finden, auch wenn wir eigentlich nicht sehr viel sehen.

4.6 Beschreiben, Erklären, Bewerten

Beim Aufbau der Wirklichkeitskonstruktion, wie sie von Menschen vollzogen wird, spielt die Sprache eine zentrale Rolle. Sie ist deswegen so zentral, weil sie uns nicht nur im eigenen Erleben ermöglicht, über uns selbst nachzudenken, sondern auch, weil sie als Medium der Kommunikation den Zugang zu psychischen Prozessen anderer Menschen eröffnet, die ansonsten von außen undurchschaubar wären.

Beginnen wir also (wieder einmal) beim Beobachter, der einen Sachverhalt wahrnimmt. Wenn wir ihn fragen, was er sieht, hört oder riecht, so wird er – wenn er die Umgangssprache seines jeweiligen Kulturkreises verwendet – erfahrungsgemäß nicht nur eine Aufzählung seiner Sinneswahrnehmungen als Aneinanderreihung oder Aufzählung von Daten liefern, sondern er wird diese von ihm wahrgenommenen, vermeintlichen „Fakten" auch noch deuten. Er wird sie erklären, und er wird sie bewerten. Der Anthropologe Clifford Geertz spricht in diesem Zusammenhang von „dichter Beschreibung" – und verwendet damit einen Begriff, den er von dem Oxforder Philosophen Gilbert Ryle übernommen hat. Er schreibt:

„Schon auf der Ebene der Fakten, dem unerschütterlichen Felsen des ganzen Unternehmens (wenn es den überhaupt gibt), erklären wir, schlimmer noch: erklären wir Erklärungen" (Geertz 1973, S. 14).

Diese Verdichtung von Beschreibungen hat sowohl für die individuelle Wirklichkeitskonstruktion wie auch für die Kommunikation einen ökonomisierenden Effekt: Man braucht nicht erst die Fakten aufzuzählen, um sie dann zu erklären und dann auch noch zu bewerten, sondern man tut dies alles mit einer einzigen Operation, der Konstruktion einer „dichten Beschreibung", d. h. einer Beschreibung, die gleichzeitig und implizit erklärt und bewertet. Doch dies ist – aus der nüchternen Perspektive des Beobachters 2. Ordnung gesehen – nicht ohne Risiko und Tücke. Denn sprachliche Darstellungen der Welt leiten Handlungen. In diesem Zusammenhang ist es mit erheblichen Gefahren verbunden, wenn nicht zwischen der Beschreibung und/oder Wahrnehmung von Daten und der Erklärung ihres Zustandekommens unterschieden wird. Die Handlungskonsequenzen von Weltbildern orientieren sich nur selten an Daten, sondern weit mehr an deren Erklärung und Bewertung.

Daher erscheint es pragmatisch sinnvoll, drei Ebenen der Wirklichkeitskonstruktion zu unterscheiden, um so die jeweiligen dichten Beschreibungen gegebenenfalls „verdünnen" zu können (vgl. Simon 1995, S. 17 ff.):

1. die *Beschreibung von Phänomenen*: Welche Phänomene werden überhaupt von anderen unterschieden, markiert (im Sinne Spencer-Browns) und damit „erkannt", d. h. als Daten in die Wahrnehmung einbezogen? Und welche Phänomene bleiben unmarkiert, un-„erkannt", werden ausgeblendet, übersehen, vergessen, verleugnet usw. (natürlich nur aus Sicht des Beobachters 2. Ordnung, denn wenn sie vom Beobachter 1. Ordnung nicht wahrgenommen werden, dann sind es für ihn auch keine Phänomene)?

   Hier findet ein erster Selektionsprozess statt, denn die Aufmerksamkeit des Beobachters könnte immer auch auf andere Phänomene gerichtet werden, die dann stattdessen wahrgenommen würden.

2. die *Erklärung der Phänomene*: Welche Hypothesen werden gebildet und welche Ursache-Wirkungs-Beziehungen werden konstruiert, um die Generierung bzw. Nichtveränderung eines Phänomens zu erklären? Auch hier ist es wichtig, sich klar zu machen, dass es für jedes Phänomen immer unterschiedliche Erklärungen geben kann oder könnte. Und dementsprechend lassen sich auch unterschiedliche Theorien entwickeln, die dann zur Grundlage des Handelns werden. Denn man handelt nur selten aufgrund von Daten, sondern meist aufgrund ihrer vermeintlichen Ursachen.
3. die *Bewertung des jeweiligen Phänomens*: Man hat auch hier unterschiedliche Möglichkeiten, ein beobachtetes Phänomen positiv oder negativ einzuschätzen, sich darüber zu freuen und es zu bewahren versuchen oder darunter zu leiden und es zu beseitigen versuchen.

Wir müssen uns allerdings darüber klar sein, dass diese drei Aspekte von Wirklichkeitskonstruktionen nicht unabhängig voneinander sind. Wenn wir eine bestimmte Erklärung für etwas Wahrgenommenes konstruieren, so ändert sich auch seine Bewertung. Wird das Verhalten eines Menschen z. B. als Ausdruck einer Krankheit erklärt, so führt das zu einer anderen Bewertung und Reaktion seiner Mitmenschen, als wenn es als Ausdruck seines bösen Willens interpretiert wird.

Zur Illustration eine kurze Geschichte: Vor einiger Zeit konsultierte eine Familie einen Psychiater[3] und berichtete von einem Ereignis am Wochenende. Der 21-jährige Sohn hatte während des familiären Frühstücks eine volle Tasse Kaffee an die Wand geworfen. So etwas passiert manchmal in Familien, und der Psychiater fragte, da er an Wirklichkeitskonstruktionen und ihren Konsequenzen interessiert war: „Wie erklären Sie sich dieses Verhalten?“ Der Vater sah es als Zeichen der Bosheit des Sohnes. Der hatte sich schon die ganze Woche über geweigert, dem Vater beim Tapezieren des Zimmers zu helfen, in dem sich der Vorfall ereignete. Nun war es fertig tapeziert, und der Sohn hatte die Tasse an die Wand geworfen, was die mühevolle Arbeit des Vaters zunichte machte. Wen wundert es, dass der Vater das Werfen der Tasse,

3 Den Autor dieser Zeilen.

noch dazu voll des schwarzen Kaffees, persönlich nahm und als aggressiven Akt, als Ausdruck der schwarzen Seele seines Sohnes interpretierte. Die Mutter war sich nicht sicher, ob es nicht doch eine Krankheit sei, die eigentlich die Tasse geworfen hatte: ein nicht durchschaubares, mysteriöses Geschehen, das irgendwo im Kopf des Sohnes ablief. Sie hatte viel über Synapsen gelesen in letzter Zeit. Und die Großmutter bot zweifellos die originellste Erklärung an. Sie war der Meinung, ihr Enkel sei besessen. Das findet man heute in unseren Breiten eher selten, es *passt* aber ebenfalls zu den beobachteten Phänomenen – wie die beiden anderen Erklärungen.

Alle drei Erklärungen haben gemeinsam, dass sie in einem ihrer Beobachtung nicht direkt zugänglichen Bereich einen „generierenden Mechanismus" (Maturana 1978, S. 238) für das beobachtete und zu erklärende Phänomen konstruieren. Sie verorten die „Ursachen" für das äußerlich wahrnehmbare Verhalten (Tasse werfen) im Inneren des Sohnes: einmal in der Psyche des Sohnes („Bösartigkeit" – Erklärung des Vaters), einmal in biologischen Strukturen („Krankheit" – Erklärung der Mutter) und im dritten Fall in einer etwas merkwürdigen Form sozialer Beziehung (der Enkel ist wie ein unbewohntes Haus das Opfer einer „Besetzung" geworden – Erklärung der Großmutter). Pragmatisch entscheidend ist, dass sich aus allen drei Erklärungskonzepten unterschiedliche Bewertungen des Verhaltens und unterschiedliche Interventions- und Behandlungsstrategien ergeben. Einmal haben wir es mit einem „Täter" zu tun, der bösartig das Werk eines anderen Menschen zerstört. Das andere Mal haben wir es mit einem hilfsbedürftigen und nicht schuldfähigen Patienten zu tun. Und beim dritten Mal ist er das Opfer einer psychischen Okkupation.

Dieses extreme Beispiel mag verdeutlichen, dass es nützlich ist, zwischen unterschiedlichen Aspekten von Wirklichkeitskonstruktionen zu unterscheiden. Die Mitglieder der Spezies Homo sapiens mögen zwar aufgrund ihrer rein physischen Ausstattung, aufgrund der Tatsache, dass alle ähnliche biologische Strukturen, einen ähnlichen Sinnesapparat, ein ähnliches Nervensystem usw. besitzen, ganz gute Voraussetzungen haben, zu ähnlichen Weltbildern zu kommen, wenn sie in derselben Umgebung leben. Aber diese Übereinstimmungsmöglichkeiten werden allein dadurch reduziert, dass jedes Individuum schon bei der bloßen Wahrnehmung gezwungen ist, seine Aufmerksamkeit zu fokussieren. Dadurch wird immer nur ein Bruchteil dessen wahrgenommen, was wahrgenommen werden könnte. Hier kommt es also zu einem ersten Selektionsprozess, sodass eigentlich nie zwei Personen, die gemeinsam Zeugen eines Ereignisses werden, dasselbe wahrnehmen.

Im Konfliktfall besteht dennoch auf der Ebene der wahrnehmbaren Phänomene die größte Chance, dass unterschiedliche Beobachter zu einem einheitlichen Weltbild bzw. einer gemeinsamen Beschreibung gelangen. Viel schwerer wird dies, wenn es um ihre Erklärungen geht. Denn damit stellt sich die Frage nach der „Verursachung“ oder der „Schuld“ daran, dass alles so gekommen ist, wie es ist, oder auch nicht so gekommen ist, wie es hätte sollen. Und unterschiedliche Erklärungen liefern nun einmal unterschiedliche Modelle der Generierung von Zuständen oder Ereignissen. Sie sind gewissermaßen die Rezepte, die sagen, was wer wann wie tun oder lassen muss, um ein bestimmtes Ergebnis oder Ziel zu erreichen oder dessen Erreichen zu verhindern.

Handlung orientiert sich immer an Erklärungen. Deswegen kommt der Streit der Ideen in der Regel dann zustande, wenn unterschiedliche Erklärungen aufeinander treffen und Gültigkeit verlangen. Wer über Erklärungen verfügt, weiß, was er zu tun hat oder – weit konfliktträchtiger – *die anderen* zu tun haben. Hier kommt es zum Streit der Disziplinen und zu Glaubenskriegen. Denn auch Glaubenssysteme – und wissenschaftliche Theorien sind nicht immer klar davon zu unterscheiden – stellen nur selten die Existenz wahrnehmbarer Phänomene infrage, sondern sie liefern jeweils unterschiedliche Erklärungen dafür, aus denen dann unterschiedliche pragmatische Konsequenzen zu ziehen sind.

Aber auch die Phänomene selbst werden in gewisser Weise durch die Wahl des jeweiligen Erklärungsmodells verändert, da sich durch sie ihre Bewertung verändern kann. Bleiben wir beim Beispiel des tassenwerfenden jungen Mannes: Wenn sein Verhalten als Symptom einer Krankheit oder von Besessenheit erklärt werden kann, so ändert dies zwar nichts an der negativen Bewertung des Verhaltens, aber es ändert sehr wohl etwas an der Bewertung dessen, der dieses Verhalten zeigt. Er ist Opfer einer höheren Macht, und seine Mitmenschen fühlen sich eingeladen, sich mit ihm zu solidarisieren und gemeinsam gegen diese Macht zu kämpfen. Es werden Bündnisse gegen ... mit ihm geschlossen. Wird sein Verhalten hingegen als Ausdruck seiner eigenen, bösartigen

Entscheidung interpretiert, so wird die Solidarisierung gegen ihn erfolgen, weil er nicht mehr als Opfer, sondern als Täter gesehen wird.

Ganz generell kann festgestellt werden, dass das Beschreiben, Erklären und Bewerten von Verhaltensweisen in enger gegenseitiger Wechselbeziehung stehen. Das eine kann nicht verändert werden, ohne dass dies Auswirkungen auf das andere hat.

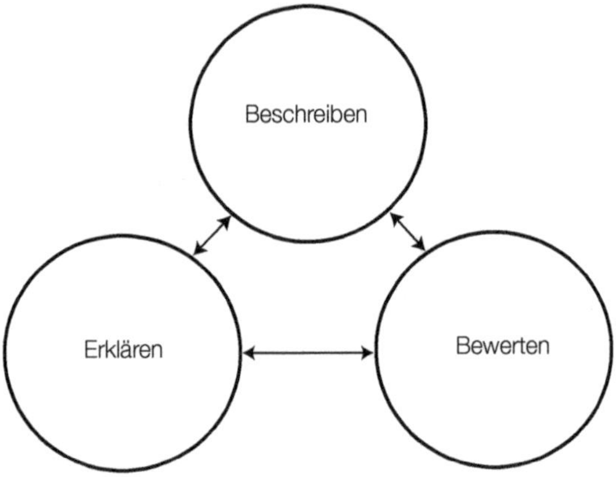

Abb. 12

Um den Bogen zu den ersten Schritten unserer Wanderung durch die Landschaften menschlichen Denkens zurück zu schlagen: Systemisches Denken ist dadurch charakterisiert, dass es einen spezifischen Typus von Erklärungen nutzt. Ihre Bestandteile sind zu einem großen Teil schon ausführlich dargestellt worden. An die Stelle geradlinig-kausaler Modelle treten Konzepte von netzwerkartigen, rückgekoppelten Wechselwirkungen (Stichwort: zirkuläre Kausalität); nonlineare Beziehungen zwischen beobachteten Variablen treten an die Stelle der Vorstellung linearer Korrelationen, d. h., es wird damit gerechnet, dass auch kleine „Ursachen" große „Wirkungen" haben können (Stichwort: Chaos- und Komplexitätstheorie); die Annahme, die Welt sei berechenbar, d. h. die Idee der Vorhersehbarkeit und Kontrollierbarkeit der Zukunft, muss aufgegeben werden (Stichwort: „nichttriviale Systeme"); lebende und Leben voraussetzende Systeme (Organismen, psychische und soziale Systeme) erhalten ihre scheinbar statische Struktur allein aufgrund charakteristisch organisierter, dynamischer Prozesse (Stichwort: Autopoiese); und schließlich, womit wir die selbstbezügliche Schleife vollendet haben: Weltbilder und Realitäten sind stets von einem Beobachter er-rechnet und konstruiert, und ihre Qualität wird nicht so sehr von ihrem Wahrheitsgehalt bestimmt wie von ihrer Nützlichkeit zum Zweck des Überlebens – was natürlich eine Bewertung des Beobachters ist (Stichwort: radikaler Konstruktivismus/sozialer Konstruktionismus).

5 Von der deterministischen Veränderung zum evolutionären Wandel

5.1 *Strukturelle Kopplung*

Wo immer Menschen etwas bewirken wollen, brauchen sie Modelle, die Veränderung erklären. Wird ein bestehender Zustand negativ bewertet, so ist damit meist der Wunsch verbunden, ihn zu verändern. Soll ein bestimmtes Ziel erreicht werden, dann braucht man Vorstellungen darüber, mit welchen Mitteln es zu erreichen ist. In beiden Fällen konstruieren die Beobachter auf hypothetische Weise generierende Mechanismen für Wandel und entwickeln dafür entsprechende Rezepte, d. h. Handlungsanweisungen, nach denen Prozesse (Prozeduren) zielführend zu organisieren sind. Einer der Gründe, warum es sich empfiehlt, systemische Erklärungskonzepte zu verwenden, liegt darin, dass die geradlinig-kausalen Modelle oft nicht nur *nicht* zu den angestrebten Zielen führen, wenn man mit biologischen, psychischen oder sozialen Systemen zu tun hat, sondern *paradoxe Effekte* haben.

Nötig ist also ein Modell von Veränderung, das den Charakteristika autopoietischer Systeme gerecht wird. Beginnen wir wieder bei ihrer Eigenart, sich gegenüber ihren Umwelten abzugrenzen und sich stukturdeterminiert zu verhalten.

Jede interne Veränderung setzt an den bereits bestehenden Strukturen an und ist durch deren Funktionsregeln bestimmt. Änderung kann von außen – durch das Medium, in dem ein System operiert, bzw. durch die Umwelt – lediglich induziert, nicht jedoch zielgerichtet festgelegt (determiniert) werden. Ereignisse in der Umwelt des jeweiligen Systems wirken als Perturbationen oder Irritationen, auf die der eigenen, inneren Funktionslogik entsprechend reagiert wird. Um diese Störungen zu kompensieren, ist es manchmal notwendig, interne Strukturen und Prozesse neu zu ordnen oder zu entwickeln, manchmal können sie aber auch mit dem bereits vorhandenen Repertoire an Bewältigungsstrategien und -prozeduren beseitigt werden (vgl. Akkomodation/Assimilation).

Gelingt es, die Autopoiese aufrechtzuerhalten, überlebt das jeweilige System, es erhält seine Identität als abgegrenzte Einheit. Es hat dann einen Entwicklungsschritt vollzogen: Es hat gelernt oder sich weiterentwickelt (wie immer man diese Art der internen Veränderung aufgrund äußerer Ereignisse nennen mag). Gelingt dies nicht, so desintegriert das System und löst sich als Einheit auf.

Allerdings ist die Irritation nicht einseitig, sondern wechselseitig. Aus der Perspektive des Beobachters 2. Ordnung betrachtet, kann festgestellt werden, dass Anpassung nicht nur aufseiten des Systems vollzogen wird, sondern auch aufseiten der Umwelt bzw. des Mediums, in dem das System operiert. Hier lässt sich Zirkularität der Wirkungen feststellen, eine *Kopplung* der Entwicklung; Änderungen innen werden von Änderungen außen begleitet und umgekehrt.

Für diese Art der Kopplung der Entwicklung zwischen einem autopoietischen System und dem Medium, in dem es lebt, bzw. seiner Umwelt, hat Humberto Maturana den Begriff der „strukturellen Kopplung" geprägt. Als Biologe interessiert er sich für die Beziehung zwischen einem lebenden System und dem Medium seines Operierens bzw. zwischen System und Umwelt. Das Konzept der strukturellen Kopplung wird inzwischen auch auf andere Typen autopoietischer Systeme (psychische und soziale Systeme) übertragen, um die Dynamik gemeinsamer Entwicklungen zu erfassen. Umwelten autopoietischer Systeme können dann nicht nur unbelebte Medien, sondern auch andere autopoietische Systeme sein. Und sie können eine Koevolution durchlaufen.

Das zeigt sich beispielhaft in der untrennbar miteinander verbundenen Entwicklung der *körperlichen und psychischen* Strukturen eines Individuums. Obwohl der Begriff Individuum – wörtlich übersetzt (lat. *individuus* = unteilbar, unzertrennlich) – nahe legt, hier dürfe man nicht trennen, empfiehlt es sich aus systemtheoretischer Sicht, diese Einheit im Sinne zweier miteinander gekoppelter autopoietischer Systeme zu konzeptualisieren. Schließlich handelt es sich aus der Sicht des Beobachters 2. Ordnung um unterschiedliche Phänomenbereiche. Körperliche Prozesse haben eine andere Materialität und können/müssen anders beobachtet werden als psychische Prozesse (die direkt ja nur der Selbstbeobachtung zugänglich sind) (vgl. Simon 1988/93, 1995). Die Unzertrennlichkeit beider ist begrifflich angemessener zu erfassen, wenn für beide Bereiche unterschiedliche Begriffe verwendet werden, die der Unterschiedlichkeit der Phänomene gerecht werden. Allerdings muss dann die Beziehung und Kopplung der beiden Bereiche genauer reflektiert werden, um sie nicht unangemessen aus ihrem jeweiligen Kontext zu reißen, der jeweils vom anderen System als fest verbundenem Partner einer gemeinsamen Entwicklung und Historie gebildet wird. Die Entwicklung der Psyche eines Menschen ist nicht losgelöst von der Entwicklung seines Körpers zu erklären und umgekehrt auch die des Köpers nicht, ohne die psychischen Bedingungen zu berücksichtigen.

Der Umweltbegriff wird in dieser Verwendung deutlicher definiert. Er steht nicht mehr für die *unmarkierte* Außenseite einer Unterscheidung (im Sinne Spencer-Browns), sondern für eine *markierte* Außenseite. Dem autopoietischen System auf der Innenseite der Unterscheidung steht ein autopoietisches System auf der Außenseite gegenüber. Und jedes dieser Systeme bildet *eine* Umwelt für das andere System.

Wenn wir als Beobachter 2. Ordnung die Aufmerksamkeit auf die für das Überleben eines solchen Systems relevanten Faktoren richten, so ist es empfehlenswert, Umwelt nicht einfach global und unmarkiert zu konzeptualisieren, sondern sowohl zwischen relevanten und nicht relevanten Aspekten zu unterscheiden als auch zwischen organisierten Phänomenen, wie autopoietische Systeme es sind und mit denen man eine gemeinsame Geschichte durchläuft, und Einzelereignissen zu differenzieren. Daher hat es sich im Sprachgebrauch der neueren Systemtheorie bewährt, nicht von *der* Umwelt (Singular) eines autopoietischen Systems zu sprechen, sondern von *den* Umwelten (Plural) des Systems. Und einige dieser Systeme und Umwelten sind dann strukturell miteinander gekoppelt, andere nicht.

So sind Organismus und Psyche eines Menschen als „fest gekoppelt" zu betrachten (auch wenn immer mal wieder berichtet wird, dass eine Seele sich aus einem Körper entfernt habe, auf Reisen gegangen und dann wieder zurückgekehrt sei). Bezogen auf den *ganzen* Menschen stellen Organismus und Psyche eines Individuums eine koevolutive Einheit dar, d. h., die Veränderungen des einen wirken als Auslöser für Veränderungen des anderen.

Was die Kopplung zwischen psychischen Systemen und sozialen Systemen betrifft, lassen sich unterschiedliche Festigkeitsgrade der Kopplung beobachten. Die Psyche eines Menschen ist meist fester mit den

Kommunikationsmustern seiner Herkunftsfamilie gekoppelt als mit denen von Organisationen. Dort besteht ein beidseitiges Kündigungsrecht, und der Mitarbeiter, der sich zu sehr irritiert fühlt, kann kündigen, um allfälligen Veränderungsnotwendigkeiten zu entgehen; umgekehrt kann sich auch die Organisation von Mitarbeitern trennen, die durch ihren Beitrag zur Kommunikation zu viel oder zu wenig irritieren.

5.2 Koevolution

Dieser Typus aneinander gekoppelter Strukturveränderungen charakterisiert generell evolutionäre Veränderungen. Sie sind *nicht* zielgerichtet – nicht auf das Überleben hin geplant. Überleben oder Nichtüberleben ist lediglich ihre Wirkung, ihre Funktion, nicht aber das Ergebnis einer zugrunde liegenden *Intention*, *Absicht* oder *Zielsetzung* (allerdings wird es von außen stehenden Beobachtern gern so erklärt – und wer wollte sie daran hindern?). Aber man braucht zu ihrer Erklärung kein ordnendes Subjekt, dem solch eine Intention zugeschrieben werden müsste. Die Entwicklung lässt sich als Prozess der Selbstorganisation hinreichend erklären, auch wenn sie in der Geschichte des Denkens gern einem Subjekt als Ursache oder Schöpfer (sei es Gott, sei es der Weltgeist) zugeschrieben wurde.

Deswegen ist es aus systemtheoretischer Sicht auch nicht angemessen, die Tatsache des Überlebens als Kriterium für die *Qualität* der jeweils überlebenden Systeme zu werten, wie dies in einem missverstandenen Darwinismus geschieht. Es ist keineswegs so, dass der Fitteste oder das fitteste System überlebt, sondern die Tatsache, dass ein System überlebt, beweist, dass es – bis zu dem gegebenen Zeitpunkt, denn die Zukunft ist nicht vorhersehbar – fit war, d. h. überlebt hat. Die Zuschreibung von Fitness kann immer nur retrospektiv erfolgen, da nicht vorhersehbar ist, wer oder was überleben wird. Und da das Überleben – die Aufrechterhaltung der Autopoiese – eine Alles-oder-nichts-Unterscheidung ist, bei der es keine Steigerungsformen gibt, widerspricht es der Logik evolutionärer Prozesse, im Hinblick auf die Fitness zu überleben Vergleiche anzustellen. Das ist nur sinnvoll, wenn man als *Beobachter* Zusatzkriterien einführt – dann aber macht man immer implizit primär eine Aussage über den Beobachter (seine Qualitätskriterien) und nicht über das beobachtete System. Das ist im Sinne der Unterscheidung zwischen Beschreiben und Bewerten nicht nur möglich, sondern auch sinnvoll, wenn man z. B. die Überlebensfähigkeit eines Systems in der Interaktion mit unterschiedlichen oder sich wandelnden Umwelten positiv bewerten will. Dann kann man sehr wohl unterschiedlichen Systemen (z. B. Lebewesen, Unternehmen, politischen Systemen) unterschiedliche Anpassungsfähigkeiten – je nachdem, wie flexibel sie sind – zuschreiben. Ganz generell gilt aber auch hier, dass zugeschriebene Fitness nicht die Eigenschaft eines isolierten Systems ist, sondern Aspekt einer System-Umwelt-Beziehung.

„Die Überlebenseinheit – sei es in der Ethik oder in der Evolution – ist nicht der Organismus oder die Gattung, sondern das umfassendste System oder die größte ‚Macht', innerhalb deren das Geschöpf lebt. Zerstört das Lebewesen seine Umgebung, so zerstört es sich selbst" (Bateson 1971, S. 429).

Autopoietische Systeme können daher nie losgelöst von den für ihr Überleben relevanten Umwelten betrachtet werden. Oder mit anderen Worten: Wenn es um die Analyse von Entwicklungsprozessen geht, dann haben wir es *nie* mit isolierten Systemen als evolutionären Einheiten zu tun, sondern immer mit *System-Umwelt-Einheiten*, bei denen System und Umwelt eine Koevolution durchlaufen.

Die Veränderungen, die beide dabei durchmachen, sind – mit den Worten des Nobelpreisträgers Jacques Monod (1971) – von „Zufall und Notwendigkeit" bestimmt. Die zufällige (nicht vorhersehbare) Veränderung der jeweiligen Umwelt sorgt für die Veränderungsnotwendigkeit des Systems. Es gibt dabei nicht nur eine Möglichkeit – selbst für strukturdeterminierte Systeme –, auf die jeweiligen Veränderungsnotwendigkeiten zu reagieren. Welche schließlich ausgewählt wird (Selektion), ist weder vorhersehbar noch von außen durchschaubar. Und die jeweils „überlebende" Option ist *kontingent*, d. h. *weder notwendig* (d. h., es hätte auch eine andere sein können) *noch unmöglich*. Sie muss lediglich *viabel* sein, was heißt: zur jeweiligen Umwelt passen, mit ihr kompatibel sein.

Der Vorteil, die Einheit von System und Umwelt als Einheit evolutionärer Entwicklungen zu definieren, ist der, dass sich so die Möglichkeiten von Interventionen erweitern: Man kann sich auf beiden Seiten der Unterscheidung „einmischen", d. h. in das System oder aber in eine seiner Umwelten intervenieren. Man kann – ganz traditionell – versuchen, das System direkt zu beeinflussen, indem man seine internen Strukturen und Prozesse zu beeinflussen versucht, oder man kann den Kontext des Systems, die äußeren Bedingungen seines Verhaltens, zu ändern versuchen, um so indirekt Wirkung zu erzielen.

5.3 Variation, Selektion, Retention

Evolutionäre Veränderungen, von der Entwicklungsgeschichte der Arten lebender Organismen bis hin zur Differenzierung sozialer Strukturen, lassen sich ganz allgemein als Abfolge dreier Prozessschritte konzeptualisieren: *Variation*, *Selektion* und *Retention* (oder auch *Stabilisierung*).

Autopoietische Systeme (Organismen, psychische Systeme und soziale Systeme) werden durch Ereignisse in ihrer Umwelt perturbiert oder irritiert und reagieren ihren internen Strukturen entsprechend darauf. Dabei können sie unterschiedliche Reaktionen auf einen bestimmten Typus von Umwelteinflüssen oder -störungen zeigen. Diese Bandbreite von Reaktionen (samt der damit verbundenen internen Veränderungen) kann[4] als *Variation* beschrieben werden. Es sind gewissermaßen Versuche des Systems, mit der Irritation durch das Geschehen in der jeweiligen Umwelt (z. B. die Aktivitäten eines anderen Systems) umzugehen. Die verschiedenen „Versuche“, die Störung zu kompensieren, führen dazu, dass manche der dazu kreativ entwickelten Reaktionsschemata bei erneuter Irritation/Perturbation dieses Typs wiederholt werden und andere *nicht* wiederholt werden. Diejenigen, die nicht wiederholt werden, werden dann gewissermaßen als „Irrtümer“ im Rahmen eines Lernschemas verworfen, das als „Versuch-Irrtum-Methode“ konzeptualisierbar ist. Allerdings müssen die Begriffe „Versuch“ und „Irrtum“ hier in Anführungsstrichen stehen, weil sie nur allzu leicht suggerieren, hier handle es sich um die bewusste Wahl eines handelnden Subjekts. Doch auch diese Auswahl (*Selektion*) ist ein selbstorganisierter Prozess, der nicht zielgerichtet stattfindet. Und stabilisiert wird sie erst durch die Wiederholung, d. h. durch die Routinisierung, als Antwort auf einen bestimmten Typus von Umweltereignis.

4 Aus der Perspektive des außen stehenden Beobachters 2. Ordnung.

Die so gefundene Lösung für das Problem, das durch die Veränderungen in einer relevanten Umwelt des Systems entstanden ist, wird dadurch beibehalten (*Retention*) und als Verhaltensschema dem jeweiligen System verfügbar.

Entscheidend ist, sich darüber klar zu sein, dass bei evolutionären Prozessen – die als eine Form von Lernprozessen verstanden werden können – *nicht* die aus der Außensicht *besten* Lösungen gefunden und beibehalten werden, sondern *irgendwelche* Lösungen. Sie als besser oder schlechter zu bewerten, ist wieder einmal eine Kategorie der Beobachtung 2. Ordnung, denn das Überleben oder Aufrechterhalten der Autopoiese ist – wie bereits erwähnt – eine Alles-oder-nichts-Unterscheidung.

Das hier skizzierte evolutionäre Prinzip bestimmt die Wechselbeziehungen zwischen autopoietischen Systemen im Allgemeinen, sei dies nun die Kopplung von psychischen Systemen und sozialen oder biologischen Systemen oder die zwischen unterschiedlichen sozialen Systemen. Wer solche Systeme gezielt zu verändern sucht, etwa weil er die Leitungsverantwortung für ein Unternehmen hat, Kinder erziehen will oder als Therapeut arbeitet, der muss evolutionäre Mechanismen als Hintergrundfolie seiner Entscheidungen mitdenken. Das schließt zielgerichtetes Intervenieren nicht aus, ob es aber tatsächlich zielführend wirkt, hängt weitgehend davon ab, wie diese Maßnahmen sich in den Kontext der übergeordneten evolutionären Logik einfügen.

6 Vom „ganzen" Menschen zur Kommunikation als Element sozialer Systeme

6.1 Teil/Ganzes-Unterscheidung vs. System/Umwelt-Unterscheidung

Fragt man einen theoretisch unbelasteten Menschen, woraus seiner Meinung nach soziale Systeme bestehen, so erhält man in der Regel die Antwort: aus Menschen. Diese Definition ist nahe liegend, entspricht der Intuition und dem alltäglichen Erleben. Eine größere Zahl menschlicher Individuen bildet, je nachdem, was sie zusammengeführt hat und zusammenhält, gemeinsam eine Familie, einen Verein, ein Unternehmen, einen Markt, einen Staat, eine Kultur, die Weltgesellschaft.

Diese Vorstellung hat auch in den Humanwissenschaften über lange Zeit die Theoriebildung geleitet (und tut das in weiten Bereichen immer noch). Deren innere Logik war hierarchisch und bewegte sich von den kleinen Teilen, die als Einheiten aus noch kleineren Teilen zusammengesetzt waren, zu den immer größer werdenden Einheiten, die sich ihrerseits aus den kleineren zusammensetzten. Auf diese Weise hatte man eine Typologie von Systemebenen konstruiert, bei der sich immer umfassendere „Ganzheiten" aus immer kleineren „Teilen" zusammensetzten. Wo man bei der Beobachtung solch einer Hierarchie beginnt, ist eigentlich egal; man kann immer entweder nach „oben" fortschreiten zur Beobachtung und Identifizierung umfassenderer, zusammengesetzter Einheiten oder nach „unten" zu immer kleineren, dann nicht weiter analysierten und deshalb als nichtzusammengesetzt erscheinenden Teilen. Menschen und soziale Systeme ließen sich so in ein Weltmodell einfügen, das einem einheitlichen Konstruktionsprinzip folgte.

Bevor man mit einem konstruktivistischen Blick auf Systeme schaute, meinte man, diese hierarchische Ordnung sei vorgegeben, und glaubte, sie in Natur und Kultur gefunden zu haben. Blickt man selbstkritisch-konstruktivistisch darauf, so wird deutlich, dass diese Hierarchie nur (er)funden ist. Das wäre an sich kein Problem, wenn diese Konstruktion ihren Zwecken dienen würde. Das tut sie im Bereich der Sozialwissenschaften aber nicht oder nur sehr begrenzt. Der Grund dafür ist, dass mit diesem Modell die Komplexität der zu analysierenden Sachverhalte nicht genügend reduziert werden kann.

Nehmen wir als Beispiel die bereits erwähnte Familie mit dem tassenwerfenden Sohn und ihre Mitglieder bzw. deren Verhalten. Wollen wir erklären, wie es zu dem Tassenwurf kam, und wenden wir das eben skizzierte hierarchische Teil-Ganzes-Systemmodell an, ist Folgendes festzuhalten: Als außen stehende Beobachter hätten wir *nur* die familiären Interaktions- und Kommunikationsmuster direkt beobachten können. Wir hätten (zumindest theoretisch) eine Videokamera mitlaufen lassen und dokumentieren können, wie die Interaktion der Familienmitglieder vor, während und nach dem Tassenwurf am Frühstückstisch ablief (Beschreibung der Interaktion). Wollten wir nun eine Erklärung für den Vorfall finden, so sind wir – wie die Familienmitglieder, die Zeugen des Vorfalls waren – nicht nur mit der Interaktion konfrontiert, sondern auch noch mit jedem einzelnen Familienmitglied als komplexem System – und dies gleich in doppelter Hinsicht, denn schon der Organismus eines jeden ist ein hochkomplexes System, das von außen nicht oder nur sehr begrenzt durchschaubar ist. Auch für die Psyche eines jeden Familienmitglieds kann das gesagt werden. So kommt es, dass die beteiligten Akteure, von der Mutter bis zur Großmutter, vom Vater bis zum Psychiater, unterschiedliche Erklärungen konstruieren können. Ein Verhalten, das allein im Kontext „familiäres Frühstück“ auftrat und zu beobachten war, wird erklärt durch generierende Mechanismen auf der Ebene des Organismus des Sohnes („er ist krank“) oder auch seiner Psyche („er ist bösartig“) oder eines Mischmaschs aus beidem („er ist besessen“).

Wenn soziale Systeme als „aus einer Anzahl ganzer Menschen bestehend“ konzeptualisiert werden, handelt man sich eine Komplexität ein, die jede Modellbildung überfordert. Je höher man in der Hierarchieleiter der einander umfassenden Systeme steigt, umso komplexer werden zwangsläufig die Sachverhalte. Hier gelangt das systemtheoretisch ja durchaus nützliche Modell der Unterscheidung von *Teil* und *Ganzem* an seine Grenzen. Es muss durch ein alternatives Modell ersetzt werden, das besser in der Lage ist, die Komplexität sozialer Vorgänge so zu reduzieren, dass ein analytischer Zugang zu ihnen eröffnet wird – und das alles, ohne die tatsächlichen Abläufe aus dem Blick zu verlieren oder sie unziemlich zu vereinfachen.

Wenn man in seinen Überlegungen an diesem Punkt angelangt ist, stößt man auf das soziologische Theoriegebäude, das Niklas Luhmann errichtet hat. Es hat aus systemtheoretischer Sicht den großen Vorteil, dass es nicht nur den höchsten Erklärungswert hat, sondern sich auch zur Grundlage von Handlungsstrategien machen lässt – sei es nun im Feld der Politik, des Managements, der Beratung oder der Therapie. Es schließt in seiner inneren Logik obendrein nahtlos an die bis hierher dargestellten Selbstorganisationsmodelle an, wie sie von Humberto Maturana, Heinz von Foerster oder Konstruktivisten wie Ernst von Glasersfeld entwickelt wurden.

Der entscheidende Schritt ist, dass Luhmann sein Theoriegebäude nicht mehr auf die Teil/Ganzes-Unterscheidung gründet, sondern auf die System/Umwelt-Unterscheidung. Er bezieht sich dabei explizit auf Spencer-Browns Kalkül der Form und Maturanas Konzept autopoietischer Systeme. Um dies tun zu können, muss er – was aller spontanen Intuition des nicht eingeweihten Lesers zuwiderlaufen wird – den „ganzen Menschen" aus seiner Theorie herauswerfen bzw. ihn in einer Weise konzeptualisieren, die das Individuum in den meisten Aspekten seiner Existenz zu einer Umwelt sozialer Systeme macht.

Aber beginnen wir beim Begriff „soziales System". Allgemein akzeptiert ist die Definition, nach der Systeme aus *Elementen und ihren Relationen* bestehen. Traditionell wurden dabei die Menschen als die Elemente sozialer Systeme betrachtet, und die Relationen, welche die Struktur des Systems konstituierten, waren zwischenmenschliche Beziehungen. Woraus könnten soziale Systeme nun bestehen, wenn nicht aus Menschen?[5] Da Theorien von Beobachtern gebaut werden und Beobachter Unterscheidungen vollziehen und durch diese Operationen Einheiten (er)finden, stellt sich die Frage: Was könnte als basale, kleinste Einheit eines sozialen Systems dienen, wenn wir die Möglichkeit verwerfen, Menschen als kleinste Einheiten zu betrachten?

5 Um es noch einmal zu betonen: Das sind keine Fragen nach dem „wahren Sein" von sozialen Systemen, sondern nach nützlichen Konstrukten, mit deren Hilfe man eine analytisch und für praktische Zwecke hilfreiche Theorie bauen kann.

Die Antwort, die Luhmann gibt, lautet: *Kommunikationen*. Soziale Systeme bestehen aus Kommunikationen (als Elementen) und deren Relationen zueinander. Das heißt, die Elemente sozialer Systeme sind in dieser Modellierung nicht irgendwelche materielle Einheiten, sondern *Ereignisse*, vergleichbar den Spielzügen eines Spiels, den Bruchstücken einer Konversation: ein gesprochener Satz und ein Kopfnicken als Ausdruck des Verstehens.

Soziale Systeme – ihr Entstehen, ihre Struktur, ihr Erhalt und ihre Veränderung – sind durch autopoietische, operational geschlossene Prozesse zu erklären. Die *Operationen*, die sie als Einheiten konstituieren, gegen ihre Umwelten abgrenzen und am Leben erhalten, sind *Kommunikationen*. Damit ein soziales System die Zeit überdauern kann, müssen Kommunikationen an Kommunikationen anschließen, d. h., es muss ein aus diskontinuierlichen Einheiten (den einzelnen Kommunikationen) zusammengesetzter Prozess entstehen, der die Zeit überdauert. Jede einzelne Kommunikation ist ein Ereignis, das in dem Moment, wo es realisiert ist, auch schon wieder vergangen ist. Die Autopoiese des sozialen Systems wird so lange aufrechterhalten, wie die Kommunikation fortgesetzt wird.

„Die allgemeine Theorie autopoietischer Systeme verlangt eine genaue Angabe derjenigen Operationen, die die Autopoiesis des Systems durchführt und damit ein System gegen seine Umwelt abgrenzt. Im Falle sozialer Systeme geschieht dies durch Kommunikation.

Kommunikation hat alle dafür erforderlichen Eigenschaften: Sie ist eine genuin soziale (und die einzige genuin soziale) Operation. Sie ist genuin sozial insofern, als sie zwar eine Mehrheit von mitwirkenden Bewusstseinssystemen voraussetzt, aber (eben deshalb) als Einheit keinem Einzelbewusstsein zugerechnet werden kann“ (Luhmann 1997, S. 81).

Im Gegensatz zum alltäglichen Sprachgebrauch ist Kommunikation *nicht* als Handlung einzelnen Akteuren zuzurechnen („Herr X kommuniziert großartig ...“) oder gar als Ausdruck einer individuellen Fähigkeit zu interpretieren. Man kann nicht allein kommunizieren, handeln hingegen kann man allein – das ist der Unterschied.

Aber Luhmann geht noch weiter. Da die Beziehung zwischen Bewusstsein bzw. psychischen Systemen und sozialen Systemen noch nicht eindeutig definiert ist und daher das Risiko besteht, psychische

Prozesse als Elemente von Kommunikationssystemen zu konzeptualisieren, schlägt er einen Begriff von Kommunikation vor, „der jede Bezugnahme auf Bewusstsein oder Leben, also auf andere Ebenen der Realisation autopoietischer Systeme, streng vermeidet" (Luhmann 1988, S. 20).

Er sieht Kommunikation als „emergente Realität, als Sachverhalt sui generis". Soziale Systeme als autopoietische Systeme entstehen dadurch, dass Kommunikationen an Kommunikationen anschließen. Um ein soziales System dauerhaft zu erhalten, müssen also immer wieder Kommunikationen reproduziert werden. So wie ein Spiel, das nicht weitergespielt wird, beendet ist, finden soziale Systeme ihr Ende, wenn die sie konstituierende Kommunikation aufhört.

„Ein Kommunikationssystem ist deshalb ein vollständig geschlossenes System, das die Komponenten, aus denen es besteht, durch die Kommunikation selbst erzeugt. In diesem Sinne ist ein Kommunikationssystem ein autopoietisches System, das alles, was für das System als Einheit fungiert, durch das System produziert und reproduziert. Dass dies nur in einer Umwelt und unter Abhängigkeit von Beschränkungen durch die Umwelt geschehen kann, versteht sich von selbst.

Etwas konkreter ausformuliert, bedeutet dies, dass das Kommunikationssystem nicht nur seine Elemente – das, was jeweils eine nicht weiter auflösbare Einheit der Kommunikation ist –, sondern auch seine Strukturen selbst spezifiziert. Was nicht kommuniziert wird, kann dazu nichts beitragen. Nur Kommunikation kann Kommunikation beeinflussen; nur Kommunikation kann Einheiten der Kommunikation dekomponieren (zum Beispiel den Selektionshorizont einer Information analysieren oder nach den Gründen einer Mitteilung fragen), und nur Kommunikation kann Kommunikation kontrollieren und reparieren" (Luhmann 1988, S. 24).

Das wirft die Frage auf, welcher Status dann biologischen und/oder psychischen Systemen in Bezug auf soziale Systeme zuzuschreiben ist. Die Antwort: Sie sind als deren relevante *Umwelten* zu betrachten, die vorausgesetzt werden müssen; sie begrenzen die Möglichkeiten der Strukturierung und Entwicklung sozialer Systeme, und sie irritieren sie und regen sie dadurch zur Entwicklung an, aber sie legen sie nicht kausal fest.

„Nur vorsorglich sei noch angemerkt, dass dies natürlich nicht besagen will, dass Kommunikation ohne Leben oder Bewusstsein möglich wäre. Sie ist auch ohne Kohlenstoff, ohne gemäßigtere Temperaturen, ohne Erdmagnetismus, ohne atomare Festigung der Materie nicht möglich. Man kann angesichts der Komplexität der Welt nicht alle Bedingungen der Möglichkeit eines Sachverhalts aufnehmen: denn damit würde der Begriff jede Kontur und jede theoriebautechnische Verwendbarkeit verlieren“ (Luhmann 1988, S. 21).

Für Biologen oder Psychologen stellt sich die Situation analog, aber mit umgekehrtem Vorzeichen dar. Sie können die Psyche oder den Organismus als operational geschlossene, autopoietische Systeme betrachten und soziale Systeme als deren Umwelten. Die Operationen und Prozesse, die diese Typen von Systemen entstehen lassen und erhalten, sind im Falle des Organismus biochemische Prozesse, im Falle der Psyche bzw. des Bewusstseins sind es Gedanken und Gefühle, die an Gedanken und Gefühle anschließen usw.

Wie bei anderen autopoietischen Systemen kann auch bei sozialen Systemen von einer System-Umwelt-Beziehung ausgegangen werden, die durch gegenseitige Begrenzung der Möglichkeiten und Perturbation/Irritation bestimmt ist. Und auch hier gilt, dass es keine instruktive Interaktion zwischen System und Umwelt gibt (z. B. dem, was das Mitglied einer Firma/Familie denkt, und der Bedeutung, die sein Verhalten im Rahmen der Kommunikation erfährt, oder zwischen dem Muster der Kommunikation in einer Organisation und ihrer Interpretation durch eines ihrer Mitglieder).

Bezogen auf Humansysteme lassen sich insgesamt drei Typen autopoietischer Systeme unterscheiden, die als gegeneinander abgegrenzt und jeweils operational geschlossen zu betrachten sind: der Organismus, die Psyche und das soziale System. Jeder dieser drei Systemtypen entsteht aufgrund einer anderen Art von Operationen: biologische Systeme durch *biochemische Reaktionen*, psychische Systeme durch *Gedanken und Gefühle* und soziale Systeme durch *Kommunikationen*. Und alle drei Systeme sind füreinander direkt nicht zugänglich, d. h., ein Gedanke wird nie Element eines sozialen Systems, es sei denn, er wird ausgesprochen und verstanden, also kommuniziert. Und auch biologische Prozesse werden nie Elemente psychischer Prozesse, sondern die Psyche kann immer nur ihren eigenen Strukturen entsprechend darauf reagieren (z. B. mit Schmerzerleben auf körperliche Verletzungen). Die drei Typen von Systemen sind dabei nicht unabhängig voneinander, sie sind in ihrer Entwicklung miteinander gekoppelt, weil sie sich gegenseitig perturbieren und koevolutive Einheiten bilden können. Aber ihre Beziehung ist in dieser Modellbildung niemals ein Einschlussverhältnis, bei dem das eine System das andere umfasst, sondern immer ein *Ausschluss*verhältnis, d. h., was innerhalb des *einen* Phänomenbereichs geschieht, geschieht *nicht* innerhalb des *anderen.*

Im Hinblick auf soziale Systeme gilt daher: *Was nicht in die Kommunikation kommt, existiert sozial nicht.*

6.2 Was heißt Kommunikation?

Als soziale Systeme – im Anschluss an Luhmann – als Kommunikationssysteme definiert wurden, ist der Kommunikationsbegriff als gegeben vorausgesetzt worden. Problematisch ist dabei, dass er im Sinne der Handlung missverstanden werden kann. Das würde den Kern der Logik der Theorie verfehlen und ihren Vorteil für die Konstruktion eines umfassenden Verständnisses sozialer Prozesse verspielen. Denn ein Individuum kann nicht allein kommunizieren (während es allein durchaus Holz hacken kann), sondern es kann sich lediglich an der Kommunikation beteiligen. Zur Emergenz, d. h. Entstehen, von Kommunikation gehören immer mehrere Teilnehmer bzw. deren Operationen.

Beginnen wir wieder beim außen stehenden Beobachter (2. Ordnung), der Kommunikation beobachtet. Dabei zeigt sich, dass er Kommunikation gar nicht direkt beobachten kann. Wenn er beispielsweise zwei Menschen, die miteinander in ein Gespräch vertieft sind, beobachtet, so wird er lediglich wahrnehmen, dass die beiden in einer Weise interagieren, bei der sich die Verhaltensweisen gegenseitig zu beeinflussen scheinen. Um das Beispiel zu konkretisieren: Der eine sagt zum anderen: „Wir treffen uns in fünf Minuten am Bahnhof!“, und der andere schaut daraufhin auf die Uhr und sagt: „Das ist mir zu früh! Können wir nicht sagen: in zehn Minuten?“ Der erste schaut nun seinerseits auf die Uhr und entgegnet: „Einverstanden!“ Dann gehen beide auseinander, und nach zehn Minuten treffen sich beide am Bahnhof. Nehmen wir nun an, dass unser Beobachter 2. Ordnung ein kleines grünes

Männchen vom Mars ist, das die Sprache der beiden nicht versteht, sondern nur in der Lage ist, ihr äußerlich wahrnehmbares Verhalten zu *beschreiben*. Es kann nun sagen, dass die beiden beobachteten Menschen sich gegenseitig angesehen haben, miteinander irgendwelche Laute produziert haben, dann unabhängig voneinander zum Bahnhof gegangen sind und sich wieder getroffen haben. Soweit die (sicher verkürzte) Beschreibung der direkt wahrnehmbaren *Phänomene*. Will unser Beobachter nun erklären, wie es zur Koordination des Verhaltens der beiden Akteure kam – sie haben sich gegenseitig angesehen, es hat immer nur einer gesprochen bzw. jeder hat nur dann Laute produziert, wenn der andere es nicht getan hat, und schließlich sind beide zu demselben Ort gegangen –, dann muss er einen generierenden Mechanismus (= Erklärung) für die ihm wahrnehmbaren Verhaltensweisen oder Handlungen konstruieren. Und diese *Erklärung* besteht darin, dass die beiden *kommuniziert* haben. Sie haben – wahrscheinlich dadurch, dass jeder den von ihm selbst und dem anderen produzierten Lauten einen Sinn zugeschrieben hat – Informationen geschöpft, die dazu geführt haben, dass diese beiden autonomen, innengesteuerten, strukturdeterminierten Systeme – der eine Gesprächsteilnehmer und der andere Gesprächsteilnehmer – ihre Verhaltensweisen koordiniert haben.

Um diese lange Geschichte auf eine kurze Formel zu bringen: Der Begriff Kommunikation bezeichnet einen Typus von Wirklichkeitskonstruktion, den wir als *Erklärung* kategorisieren können. Wenn die direkt beobachtbare Kommunikation zwischen zwei Menschen als Kommunikation charakterisiert wird, so hat der Beobachter weit mehr getan, als eine *Beschreibung* der ihm wahrnehmbaren Phänomene zu liefern: Er hat Kausalität, d. h. einen *nicht* direkt beobachtbaren, *hypothetischen,* generierenden Mechanismus für die direkt beobachtbaren Phänomene konstruiert.

Die Pointe daran ist, dass sich an der Kommunikation nur beteiligen kann, wer diese Art der Erklärung für die von ihm beobachteten Phänomene verwendet (z. B. Lauten einen Sinn zuschreibt, statt sie für Grunzen zu halten). Nur wer in der Interaktion mit anderen das Verhalten der anderen auf dessen Sinn hin beobachtet und sich darüber klar ist, dass die anderen sein Verhalten auf dessen Sinn hin beobachten, ist in der Lage, sich an der Kommunikation zu beteiligen (vgl. Simon 2004a). Kommunikation ist also gewissermaßen ein Spiel, das darauf beruht, dass die Teilnehmer sich bei der Interpretation des gegenseitigen Verhaltens Absichten oder Motive unterstellen. Nur dann kann das äußerlich wahrnehmbare Verhalten als Signal für eine *Information* gedeutet werden, die gegeben werden will oder auch verheimlicht werden soll – das macht in dem Fall keinen Unterschied.

Hier schließt sich der Kreis der Selbstbezüglichkeit zur Tautologie: Kommunikation ist ein Ereignis oder ein durch die Aneinanderreihung solcher Ereignisse entstehender Prozess, der nur stattfinden kann, wenn die daran beteiligten Akteure ihn als Kommunikation *erklären.*

Hier beißt sich offensichtlich die Katze in den Schwanz. Doch das ist für soziologische Fragestellungen kein Problem, denn das heißt bezogen auf das Individuum nur, dass jeder, der sich an der Kommunikation beteiligen will, eine Sozialisation durchlaufen muss, in deren Verlauf er lernt, dass einem Verhalten Sinn zugeschrieben werden kann (oder muss). Das ist gewissermaßen das Zugangskriterium, um Teilnehmer in einem sozialen System werden zu können. Unabhängig davon, wie ein Einzelner sich verhält, wird seinem Verhalten auf jeden Fall ein Sinn zugeschrieben, und es wird als *Mitteilung* von *Informationen* interpretiert, d. h. *verstanden* (selbst dann, wenn das Verhalten als „sinnlos" oder „unverständlich" gedeutet wird). Mit dieser Erwartung muss er rechnen, und diese Erwartung bzw. die wechselseitige Erwartung der Erwartung strukturiert das gegenseitige Verstehen. Diese drei Bestandteile – *Information, Mitteilung* und *Verstehen* – sind nötig, um Kommunikation zu realisieren.

„Sie kommt zustande durch eine Synthese von drei verschiedenen Selektionen – nämlich Selektion einer *Information*, Selektion der *Mitteilung* dieser Information und selektives *Verstehen oder Missverstehen* dieser Mitteilung und ihrer Information.

Keine dieser Komponenten kann für sich allein vorkommen. Nur zusammen erzeugen sie Kommunikation. Nur zusammen – das heißt, nur dann, wenn ihre Selektivität zur Kongruenz gebracht werden kann. Kommunikation kommt deshalb nur zustande, wenn zunächst einmal eine Differenz von Mitteilung und Information verstanden wird. Das unterscheidet sie von bloßer Wahrnehmung des Verhaltens anderer. Im Verstehen erfasst die Kommunikation einen Unterschied zwischen dem Informationswert ihres Inhalts und den Gründen, aus denen der Inhalt mitgeteilt wird. Sie kann dabei die eine oder die andere Seite betonen, also mehr auf die Information selbst oder mehr auf das expressive Verhalten achten. Sie ist aber immer darauf angewiesen, dass *beides* als *Selektion* erfahren und *dadurch* unterschieden wird. Es muss, mit anderen Worten, vorausgesetzt werden können, dass die Information sich nicht von selbst versteht und dass zu ihrer Mitteilung ein besonderer Entschluss erforderlich ist. Und das gilt natürlich auch, wenn der Mitteilende etwas über sich selbst mitteilt. Wenn und soweit diese Trennung der Selektionen nicht vollzogen wird, liegt eine bloße Wahrnehmung vor.

Es ist von erheblicher Bedeutung, an dieser Unterscheidung von Kommunikation und Wahrnehmung festzuhalten, obwohl, und gerade weil die Kommunikation reiche Möglichkeiten zu einer mitlaufenden Wahrnehmung gibt. Aber die Wahrnehmung bleibt zunächst ein psychisches Ereignis ohne kommunikative Existenz. Sie ist innerhalb des kommunikativen Geschehens nicht ohne weiteres anschlussfähig. Man kann das, was ein anderer wahrgenommen hat, nicht bestätigen und nicht widerlegen, nicht befragen und nicht beantworten. Es bleibt im Bewusstsein verschlossen und für das Kommunikationssystem ebenso wie für jedes andere Bewusstsein intransparent“ (Luhmann 1988, S. 21 f.).

Kommunikation ist nicht die Leistung eines handelndes Subjektes, sondern ein Selbstorganisationsphänomen: Sie passiert.

6.3 Sinn und doppelte Kontingenz

Es muss also eine dreifache Selektion stattfinden, damit Kommunikation zustande kommt. Das macht Kommunikation zu einem unwahrscheinlichen Phänomen. Denn jeder der Kommunikationsteilnehmer könnte die wahrgenommenen Signale, das Verhalten des anderen, das Sprechen des anderen usw. auch anders interpretieren, ihm einen anderen oder gar keinen Sinn zuschreiben. Um den dafür in der soziologischen Theorie gebräuchlichen Begriff einzuführen: Die jeweilige Deutung ist „kontingent“ (lat. *cum* = zusammen, *tangere* = berühren).

„Der Begriff wird gewonnen durch Ausschließung von Notwendigkeit und Unmöglichkeit. Kontingent ist etwas, was weder notwendig ist noch unmöglich ist; was also so, wie es ist (war, sein wird), sein kann, aber auch anders möglich ist. Der Begriff bezeichnet mithin Gegebenes

(Erfahrenes, Erwartetes, Gedachtes, Phantasiertes) im Hinblick auf mögliches Anderssein; er bezeichnet Gegenstände im Horizont möglicher Abwandlungen. Er setzt die gegebene Welt voraus, bezeichnet also nicht das Mögliche überhaupt, sondern das, was von der Realität aus gesehen anders möglich ist“ (Luhmann 1984, S. 152).

Keine spezifische Interpretation eines Verhaltens ist notwendig. Der Umstand, dass jeder an der Kommunikation Beteiligte die Möglichkeit hat, die Geschehnisse auch anders zu deuten und sich jeweils anders zu verhalten, erzeugt die Notwendigkeit der Selektion einer Interpretation. Die Kontingenz ist aber auf beiden Seiten, d. h., jeder der Kommunikationsteilnehmer kann erwarten und voraussetzen, dass auch der andere sich immer anders verhalten könnte, und muss dessen unterstellte, freie Wahlmöglichkeit als Problem bewältigen. Luhmann verwendet dafür den Begriff der „doppelten Kontingenz“.

„Das Problem der doppelten Kontingenz ist virtuell immer präsent, sobald ein psychisches System gegeben ist. Es begleitet unfokussiert alles Erleben, bis es auf eine andere Person oder ein soziales System trifft, dem freie Wahl zugeschrieben wird. Dann wird es als Problem der Verhaltensabstimmung aktuell. Den Aktualisierungsanlass bieten konkrete, wirkliche psychische oder soziale Systeme oder Spuren (z. B. Schrift), die solche Systeme hinterlassen haben. Zu einem Akutwerden doppelter Kontingenz genügt jedoch nicht die bloße Faktizität der Begegnung; zu einem motivierenden Problem der doppelten Kontingenz (und damit: zur Konstitution sozialer Systeme) kommt es nur, wenn diese Systeme in spezifischer Weise erlebt und behandelt werden: nämlich als unendlich offene, in ihrem Grunde dem fremden Zugriff entzogene Möglichkeiten der Sinnbestimmung“ (Luhmann 1984, S. 151 f.).

Die Konfrontation mit anderen psychischen Systemen oder mit sozialen Systemen lädt ein, Sinn zuzuschreiben. Sinn ist dabei – wie Information – an Unterscheidungen gebunden, die vollzogen werden. Nur handelt es sich hier um eine Unterscheidung, die dem Gewinn von Information vorausgesetzt ist. Denn der Sinn liefert den Verweisungshorizont des „Anders-möglich-Seins“, vor dem konkrete Unterscheidungen ihre Bedeutung gewinnen.

„Das Phänomen Sinn erscheint in der Form eines Überschusses von Verweisungen auf weitere Möglichkeiten des Erlebens und Handelns.

Etwas steht im Blickpunkt, im Zentrum der Intention, und anderes wird marginal angedeutet als Horizont für ein Und-so-weiter des Erlebens und Handelns. Alles, was intendiert wird, hält in dieser Form die Welt im ganzen sich offen, garantiert also immer auch die Aktualität der Welt in Form der Zugänglichkeit. Die Verweisung selbst aktualisiert sich als Standpunkt der Wirklichkeit, aber sie bezieht nicht nur Wirkliches (bzw. präsumtiv Wirkliches) ein, sondern auch Mögliches (konditional Wirkliches) und Negatives (Unwirkliches, Unmögliches). Die Gesamtheit der vom sinnhaft intendierten Gegenstand ausgehenden Verweisungen gibt mehr an die Hand, als faktisch im nächsten Zuge aktualisiert werden kann. Also *zwingt* die Sinnform durch ihre Verweisungsstruktur den nächsten Schritt zur Selektion" (Luhmann 1984, S. 93 f.).

Bei den mit Sinn operierenden Systemen – das verbindet psychische und soziale Systeme – stellt sich den Beobachtern 1. Ordnung immer nur die Frage, *welchen* Sinn sie den Mitteilungen anderer psychischer und/oder sozialer Systeme zuschreiben sollen, nicht *ob* sie das tun sollen. Denn Sinn ist hier ohne Gegenbegriff, auch das Absprechen von Sinn ist Prozessieren von Sinn. Die implizite Unterscheidung, die dabei immer mitläuft, ist die zwischen *aktuell* und *potenziell*. Denn der Kontext, der Hintergrund, vor dem jeder aktuelle Sinn erst erwächst, ist all das, was aktuell *nicht* ist: die Welt mit all ihren Möglichkeiten und Unmöglichkeiten in all ihrer Komplexität.

„Mit *jedem* Sinn, mit *beliebigem* Sinn wird unfassbar hohe Komplexität (Weltkomplexität) appräsentiert und für die Operationen psychischer bzw. sozialer Systeme verfügbar gehalten. Sinn bewirkt dabei einerseits: dass diese Operationen Komplexität nicht vernichten können, sondern sie mit der Verwendung von Sinn fortlaufend regenerieren. Der Vollzug der Operationen führt nicht dazu, dass die Welt schrumpft; man kann nur in der Welt lernen, sich als System mit einer Auswahl aus möglichen Strukturen einzurichten" (Luhmann 1984, S. 94).

Erst die Erwartung solch einer sinnhaften Welt macht Kommunikation möglich und lässt soziale Systeme entstehen.

6.4 Sinndimensionen: Sozial-, Sach- und Zeitdimension der Kommunikation

Sinn ist das Medium, in dem sich soziale und psychische Systeme formen.

Psychische Systeme fokussieren ihre *Aufmerksamkeit*, d. h. ihre Wahrnehmung, auf Phänomene und vollziehen damit eine Auswahl (Selektion) unter all den möglichen Phänomenen, auf die sie ebenfalls ihre Aufmerksamkeit richten *könnten* (Unterscheidung: aktuell/potenziell). Sie schreiben diesen Bedeutung zu oder sprechen sie ihnen ab und reduzieren so die Komplexität der Welt, indem sie nicht auf alles reagieren, sondern selektiv, d. h. nur manche Ereignisse wahrnehmen, andere – aus der Außenperspektive beobachtbare – Phänomene ignorieren, manches Geschehen zur Kenntnis nehmen, anderes nicht.

In der Kommunikation findet ein ähnlicher Prozess statt. Nur sind es nun mehrere Beobachter, die ihre Aufmerksamkeit fokussieren und koordinieren. Auf diese Weise kommt es zur Kommunikation zwischen ihnen, zur Mitteilung und zum Verstehen von Informationen. Die Kommunikation sucht sich *Themen*, durch die sie die beteiligten – und als Umwelten unverzichtbaren – psychischen Systeme an sich bindet. Wobei angemerkt werden muss, dass auch hier die Formulierung „sucht sich" mit dem Risiko verbunden ist, ein handelndes Subjekt – die Kommunikation – zu unterstellen, obwohl es sich um ein Selbstorganisationsphänomen handelt: Ein Thema findet das Interesse psychischer Systeme, dann kommt es zur Kommunikation als emergentem Geschehen; oder aber niemand findet dieses Thema interessant, dann kommt es auch nicht zur Kommunikation darüber.

Betrachtet man nun diese Themen, so bieten sich drei Sinndimensionen an, nach denen sich Kommunikation kategorisieren lässt. Luhmann nennt sie „Sachdimension", „Sozialdimension" und „Zeitdimension" (1984, S. 112 ff.). Mit den ersten beiden Begriffen erfasst er, was in einer anderen kommunikationstheoretischen Konzeptualisierungen als „Inhalts- und Beziehungsaspekt" der Kommunikation charakterisiert worden ist (Watzlawick et al. 1967, S. 53 ff.). Diese drei Dimensionen laufen in der Kommunikation stets implizit mit, auch wenn sie nicht explizit ihr Thema sind. Im Einzelnen lassen sie sich folgendermaßen charakterisieren:

„Von *Sachdimension* soll die Rede sein im Hinblick auf alle *Gegenstände sinnhafter Intention* (in psychischen Systemen) *oder Themen sinnhafter Kommunikation* (in sozialen Systemen). Gegenstände oder Themen in diesem Sinne können auch Personen oder Personengruppen sein. Die Sachdimension wird dadurch konstituiert, dass der Sinn die Verweisungsstruktur des Gemeinten zerlegt in ‚dies‘ und ‚anderes‘“ (Luhmann 1984, S. 114).

Wenn wir die Terminologie Spencer-Browns verwenden, so wird hier ein Gegenstand, ein Objekt oder ein Sachverhalt *markiert* („dies“) und damit gegen alle anderen Gegenstände, Sachen, Objekte oder Sachverhalte abgegrenzt („anderes“), die *unmarkiert* bleiben. Die Welt der Dinge oder Sachverhalte bildet den Horizont (Potenzialität/Möglichkeitsraum), vor dem, d. h. im Unterschied zu denen, die in der Kommunikation aktuell „gemeinten“ Dinge oder Sachverhalte ihren Sinn erhalten (Selektion). Man redet über das Wetter, die Nachbarn, die Politik oder das neue Auto – alles Themen, die der Sachdimension der Kommunikation, ihrem Inhaltsaspekt, entsprechen –, und während man das tut, spricht man nicht über alles andere, über das man gleichzeitig auch noch sprechen könnte (z. B. die Langeweile, die einen immer bei Gesprächen über derartige Themen heimsucht). Dies gilt auch für die Zeit- und Sozialdimension der Kommunikation.

„Die *Sozialdimension* betrifft das, was man jeweils als seinesgleichen, als ‚Alter Ego‘ annimmt, und artikuliert die Relevanz dieser Annahme für jede Welterfahrung und Sinnfixierung. Auch die Sozialdimension hat weltuniversale Relevanz; denn wenn es überhaupt ein Alter Ego gibt, ist es, so wie das Ego auch, für alle Gegenstände und für alle Themen relevant“ (Luhmann 1984, S. 119).

Die Unterscheidung von Sach- und Sozialdimension der Kommunikation ermöglicht es, in jeder Kommunikation über ein Sachthema die sozialen Implikationen getrennt zu beobachten. Außer der eigenen Perspektive kann die des anderen oder, noch weiter gehend, der Relation von beiden in den Blick genommen werden, ihre Übereinstimmung oder Nichtübereinstimmung. Durch diesen Blick wird der ständige Vergleich, was andere denken und erleben und wie sie dementsprechend handeln könnten, möglich. Und an dem so gegenseitig zugeschriebenen (da ja nicht direkt beobachtbaren) Erleben, Denken, Fühlen, Meinen orientiert sich individuell bei allen Beteiligten das eigene Denken, Fühlen, Erleben und schließlich auch das Handeln. Konsens und Dissens liefern dabei die Unterscheidung, an der sich diese Beobachtung orientiert.

Die dritte Dimension ist die Zeitdimension. Sie orientiert sich an Reversibilität und Irreversibilität, an Veränderungen, die zur Unterscheidung vorher/nachher führen.

„Die Zeitdimension wird dadurch konstituiert, dass die Differenz von Vorher und Nachher, die an allen Ereignissen unmittelbar erfahrbar ist, auf Sonderhorizonte bezogen, nämlich in die Vergangenheit und die Zukunft verlängert wird. Die Zeit wird dadurch von der Bindung an das unmittelbar Erfahrbare gelöst, die streift allmählich auch die Zuordnung zur Differenz von Anwesendem und Abwesendem ab, sie wird zu einer eigenständigen Dimension, die nur noch das Wann und nicht mehr das Wer/Was/Wo/Wie des Erlebens und Handelns ordnet. Die Zeit wird neutral in Bezug auf Anwesend und Abwesend, und Abwesendes kann dann ohne Rücksicht auf die Zeit, die man braucht, um es zu erreichen, als gleichzeitig aufgefasst werden. Jetzt wird eine einheitliche, vereinheitlichende Zeitmessung möglich, und in der Zeitsemantik lassen sich dann auch die Zeitpunktsequenzen von den Vergangenheit/Gegenwart/Zukunft-Verhältnissen trennen und zu ihnen in Beziehung setzen“ (Luhmann 1984, S. 116).

Auch Zeit ist also ein Konstrukt von Beobachtern, und in der Kommunikation über Vorher und Nachher entsteht ein vereinheitlichter Maßstab. Allerdings wird er in der Regel nicht als Ergebnis eines Kommunikationsprozesses konzeptualisiert, sondern – wie der Raum – als eine vorgegebene Dimension, in der sich Ereignisse, in dem Gegenstände und Beobachter verortet (besser wäre hier wohl zu sagen: „verzeitet“) sind. Doch letztlich verändern Zeit und Raum ihre Charakteristika mit den Beobachtern, die sie konstruieren, und wenn die Beobachter verschwinden, verschwinden auch sie.

6.5 Interaktion, Organisation, Gesellschaft

Legt man Kommunikation als elementaren Baustein der Entwicklung sozialer Systeme zugrunde, lassen sich unterschiedliche Arten sozialer Systeme unterscheiden. Folgt man hier wiederum Luhmann und seinem Ordnungssystem, so können *Interaktionssysteme* von *Organisa-*

tionen unterschieden werden, und beide sind wiederum Bestandteile von *Gesellschaft*. Dieser Begriff steht für die Gesamtheit aller Kommunikationen. Mit anderen Worten: Außerhalb der Gesellschaft gibt es keine Kommunikation, und innerhalb der Gesellschaft kann Interaktion von Organisation unterschieden werden.

„Gesellschaft" ist im Gegensatz zur umgangssprachlichen Verwendung, also in Luhmanns Sprachgebrauch, nicht die Bezeichnung für eine spezifische Gesellschaft oder Gesellschaftsform im Unterschied zu anderen Gesellschaften oder Gesellschaftsformen (wie etwa die „deutsche Gesellschaft" im Gegensatz zur „chinesischen Gesellschaft" oder die „feine Gesellschaft" oder eine „primitive Gesellschaft" usw.). Und man kann auch nicht an ihrem Rande oder an ihrer Spitze stehen, sondern jede Kommunikation ist Element von Gesellschaft. Sie ist als Weltgesellschaft zu verstehen, die alle existierenden und möglichen Kommunikationsprozesse umfasst.

„Die Gesellschaftstheorie ist nach dem hier auszuarbeitenden Verständnis die Theorie des umfassenden sozialen Systems, das alle anderen sozialen Systeme in sich einschließt" (Luhmann 1997, S. 78).

Als Umwelt von Gesellschaft sind psychische Systeme, Organismen, die physische Welt, der Rest des Kosmos u. Ä. zu betrachten, aber niemals andere soziale Systeme. Intern hat die eine, allumfassende Gesellschaft im Laufe der Geschichte unterschiedliche Formen der Differenzierung entwickelt, und sie verändern sich immer noch, und zwar nach evolutionären Prinzipien.

Neben Gesellschaft als Typus sozialer Systeme stellt Luhmann als anderen Typus die *Interaktion* als soziales System. Sie entsteht als System durch die Kommunikation *unter körperlich Anwesenden*[6]. Hier nehmen Beobachter sich gegenseitig wahr, und sie nehmen jeweils wahr, dass sie von dem oder den anderen wahrgenommen werden. Hier haben wir die Lehrbuchsituation doppelter Kontingenz: Jeder weiß, dass er wahrgenommen wird, aber er weiß nicht, wie er wahrgenommen wird. Denn er könnte immer auch anders wahrgenommen werden, als er es sich denkt oder wünscht oder befürchtet. Und – das ist der entscheidende Punkt – er beobachtet, dass sein Verhalten von anderen

6 Was allerdings, um Kommunikation möglich zu machen, mit einer gewissen Geistesgegenwart gekoppelt sein muss.

als *Mitteilung* von *Informationen* genommen, d. h. *verstanden* wird (was bei dieser Verwendung des Begriffs eben auch das mögliche Missverstehen einschließt).

Interaktion bzw. ihre Episoden setzen Gesellschaft voraus und tragen zu ihrer Realisierung bei, insofern muss zwischen Interaktion und Gesellschaft unterschieden werden, beides lässt sich nicht aufeinander reduzieren.

Der dritte Typus sozialer Systeme, der für Fragen des Managements, der Beratung, der Politik, ja, das Arbeitsleben der meisten Menschen heute von spezieller Bedeutung ist, das ist die Organisation (z. B. Unternehmen, Institute, Behörden, Anstalten, Kliniken, Parteien usw.).

Sie ist das Ergebnis gesellschaftlicher Evolution, das aufgrund der durch sie verfügbaren Möglichkeit von Arbeitsteilung erklärbar wird. Wo Arbeit geteilt wird, bedarf es ihrer Koordination oder Synchronisation, um geordnete Resultate zu erzielen. Das ist am ehesten dadurch zu erreichen, dass Aufgaben definiert, unterschiedliche Rollen und Kommunikationswege festgelegt werden oder, was in der Geschichte der Menschheit weit öfter zu beobachten war, dass solche sich spontan entwickeln und differenzieren. Auf diese Weise entstand zunächst punktuell immer wieder organisierte Arbeit, aus der sich dann Organisationen entwickelten, die auf Dauer gestellt wurden, um bestimmte Aufgaben bzw. ihre Erledigung sicherzustellen. Nicht mehr die Personen standen im Mittelpunkt der Kommunikation, sondern ihre Funktionen.

Die Formalisierung von Organisationen und ihrer Funktionen führte dabei zu einer Veränderung der Stellung der beteiligten Individuen. Es waren jetzt nicht mehr konkrete Individuen, die in der Kooperation miteinander eine mehr oder weniger auf sie zugeschnittene Rolle (er)fanden, sondern die Rollen entwickelten sich unabhängig von den konkreten Rollenträgern, sodass die beteiligten Akteure im Dienste der Aufgabe austauschbar wurden. Ob jemand Mitglied der Organisation werden konnte und es über die Zeit blieb, hing nunmehr von vertraglichen Bedingungen ab, und ob er bereit war, eine ihm übertragene Aufgabe zu erfüllen oder nicht, ebenfalls.

„Organisation ist, wie die Gesellschaft selbst und wie Interaktion auch, eine bestimmte Form des Umgangs mit doppelter Kontingenz. Jeder kann immer auch anders handeln und mag den Wünschen und

Erwartungen entsprechen oder auch nicht – *aber nicht als Mitglied einer Organisation*. Hier hat er sich durch Eintritt gebunden und läuft Gefahr, die Mitgliedschaft zu verlieren, wenn er sich hartnäckig querlegt. Mitgliedschaft in Organisationen ist mithin kein gesellschaftlich notwendiger (obwohl heute in vielen Hinsichten fast unvermeidlicher) Status. Mitgliedschaft beruht auf Mobilität, und Mobilität muss gesellschaftlich zugelassen sein. Sie wird durch Entscheidung (und hier typisch: eine Kombination von Selbstselektion und Fremdselektion) erworben und kann durch Entscheidung (hier wieder Austritt oder Entlassung) verloren gehen. Sie betrifft auch nicht, wie in mittelalterlichen Korporationen (Städten, Klöstern, Universitäten usw.), die gesamte Person, sondern nur Ausschnitte ihres Verhaltens, nur eine Rolle neben anderen“ (Luhmann 1997, S. 829).

Der Mensch wird nicht in seiner Ganzheit, d. h. mit all seinen physischen und psychischen Fähigkeiten, für die Erfüllung der Funktionen der Organisation benötigt, nicht mit seiner vollen Kreativität und seiner Nichttrivialität, sondern nur sehr selektiv und begrenzt. Er muss durch ein spezifisches Verhalten, das beispielsweise durch seine Fachkompetenz ermöglicht wird, bestimmte Teilaspekte eines größeren organisierten Prozesses realisieren. Die Koordination der unterschiedlichen Verhaltensweisen und Akteure kann auf sehr unterschiedliche Weisen vollzogen werden; gemeinsam ist aber allen diesen Koordinationen, dass sie Kommunikation voraussetzen und sicherstellen. Die Mitgliedschaft in einer Organisation ist daran gebunden, dass derjenige, der dazugehören will, gewisse Beschränkungen seines Freiraumes einerseits und Leistungspflichten andererseits akzeptiert. Das erst ermöglicht es, seine Verhaltensweisen innerhalb eines übergeordneten, arbeitsteiligen Prozessmusters nutzbar zu machen. Er muss also die *Entscheidung* treffen, Mitglied der Organisation zu werden und die damit verbundenen Restriktionen und Forderungen zu akzeptieren, wie auch die Organisation die *Entscheidung* treffen muss, ihn als Mitglied zu akzeptieren und ihm die damit verbundenen Gratifikationen (Status, Entlohnung usw.) zu gewähren.

„Da Mitgliedschaften durch Entscheidungen begründet werden und das weitere Verhalten der Mitglieder in Entscheidungssituationen von der Mitgliedschaft abhängt, kann man Organisationen auch als autopoietische Systeme auf der operativen Basis der Kommunikation von

Entscheidungen charakterisieren. Sie produzieren Entscheidungen aus Entscheidungen und sind in diesem Sinne operativ geschlossene Systeme. In der Form der Entscheidung liegt zugleich ein Moment struktureller Unbestimmtheit. Und da jede Entscheidung weitere Entscheidungen herausfordert, wird diese Unbestimmtheit mit jeder Entscheidung reproduziert. [...]

Organisationen erzeugen Entscheidungsmöglichkeiten, die es anderenfalls nicht gäbe. Sie setzen Entscheidungen als Kontexte für Entscheidungen ein. An die Entscheidung über Mitgliedschaft können Unmengen anderer Entscheidungen angeschlossen werden. Man kann Weisungsunterworfenheit vorsehen, Arbeitsprogramme festlegen, Kommunikationswege vorschreiben, Personaleinstellungen und Personalbewegungen regulieren, und all das in allgemeiner Form, die dann situativ in Entscheidungen umgesetzt wird" (Luhmann 1997, S. 830).

Damit Menschen sich sehenden Auges den Beschränkungen einer Organisation unterwerfen, bedarf es auf deren Seite einer gewissen Attraktivität. Sie mag in den Entfaltungsmöglichkeiten für den Einzelnen liegen, in der Macht, die sie ihm verspricht, den sachlichen Arbeitsmöglichkeiten oder auch im Geld, das ihm bezahlt wird, um seinen Lebensunterhalt zu fristen. Wichtig ist bei all dem, dass das Mitglied der Organisation und die Organisation selbst nicht nur in einer System-Umwelt-Beziehung zueinander stehen, sondern auch noch in einem Zweck-Mittel-Verhältnis: Für die Organisation ist der Mitarbeiter als notwendige Umwelt ein Mittel, um ihre Aufgaben und Funktionen zu erfüllen, durch die sie definiert ist; und für den Mitarbeiter ist die Organisation, in der er arbeitet, eine relevante Umwelt, um seine individuellen Ziele zu erreichen, seien sie sachlicher oder persönlicher Natur. Es ist also keineswegs davon auszugehen, dass die Organisation und ihre Mitarbeiter dieselben Ziele verfolgen. Aber das ist auch nicht nötig, um das Funktionieren von Organisationen sicherzustellen, die gegenseitige Zweck-Mittel-Nutzung reicht dazu aus. Wenn dies aber nicht mehr der Fall ist, dann wird die Kooperation früher oder später aufgekündigt werden, von welcher Seite auch immer.

6.6 Ausdifferenzierung als Paradoxieentfaltung

Die Differenzierung von Gesellschaft mit ihrer Aufspaltung in Subsysteme unterschiedlicher, teilweise einander widersprechender Funktionen – wie Wirtschaft, Politik, Wissenschaft, Recht, Erziehung, Gesundheitssystem usw. – und ihre Organisationen kann als Ergebnis gesellschaftlicher Arbeitsteilung erklärt werden; genauer gesagt: als Paradoxieentfaltung.

Damit werden wir an die Anfänge der Entwicklung systemtheoretischer Konzeptbildung im Rahmen der Humanwissenschaften zurückgeführt: zu den paradoxen Handlungsaufforderungen, durch die im Rahmen der Doublebind-Hypothese die Entstehung schizophrener Symptombildungen erklärt werden sollte. Wo allerdings bei der Untersuchung so genannter psychopathologischer Phänomene („Psychosen“) das Interesse auf Desorganisationsprozesse gerichtet war – auf den Zerfall der Denk-, Fühl- und Handlungsmuster, die Voraussetzung dafür sind, dass das Verhalten eines Individuums für die Mitmenschen in seinem sozialen Umfeld (der Kommunikationsgemeinschaft) verstehbar wird und bleibt –, dort richtet sich nun das Interesse auf die andere Seite, d. h. auf Organisationsprozesse, die in der Folge sich ausschließender Handlungsnotwendigkeiten entstehen.

Dass Widersprüche gesellschaftliche Entwicklungen fördern können, ist keine neue Erkenntnis der Systemtheorie. Allerdings entspricht das systemtheoretische Modell der Differenzierung nicht der bekannten Logik dialektischer Prozesse, bei denen – wie Marx im Anschluss an Hegel die Mechanik „gesellschaftlichen Fortschritts“ konzeptualisierte – es zum Dreischritt von *These*, *Antithese* und schließlich zur „Aufhebung“ des Widerspruchs durch die *Synthese* kommt. Es geht hier nicht um die Schaffung eines „dritten“, synthetischen Wertes, sondern, ganz allgemein gesprochen, um die *„Entfaltung der Paradoxie“* (Luhmann 1993) durch Spaltung der Einheit der Paradoxie in Form gegeneinander abgegrenzter, logisch kontradiktorisch markierter Bereiche, ohne dass dabei der Widerspruch aus der Welt geschafft würde.

Da das Konzept der Paradoxie für die Analyse der Dynamik und Strukturierung sozialer (aber auch psychischer) Systeme im Guten wie im Schlechten einen hohen Erklärungswert hat, sollen hier zunächst ein paar allgemeine Erläuterungen zu dieser Denkfigur bzw. den damit verbundenen Phänomenen folgen: Der Begriff der Paradoxie leitet sich aus dem Griechischen ab und setzt sich zusammen aus *pará* („an ... vorbei“, „entgegen“) und *dóxa* („Meinung“, „Glaube“, „Erwartung“). Der Sprachgebrauch ist nicht ganz einheitlich, aber im einfachsten Fall werden damit Sachverhalte oder Aussagen bezeichnet, die den Erwartungen widersprechen und überraschend sind. Im extremen Fall wird damit ein logischer Widerspruch, eine *Antinomie*, benannt, z. B. eine Aussage, die sich selbst widerspricht. Paradoxien führen an die Grenzen der aristotelischen Logik, d. h. in die Sackgassen des *zweiwertigen* logischen Denkens und Schließens, nach dem Aussagen entweder *wahr* oder *falsch* sind und eine dritte Möglichkeit nicht gegeben ist. Wenn nun ein Satz gerade dann wahr ist, wenn er falsch ist, und gerade dann falsch ist, wenn er wahr ist, gilt er als *paradox* im logischen Sinne. Die Folge solcher Paradoxien ist die, dass rationale Entscheidungen entsprechend dem Schema wahr/falsch unmöglich werden. Wenn es dabei um Handlungsanweisungen geht, die sich gegenseitig ausschließen (Tue etwas, und tue es gleichzeitig nicht!), so lässt sich von „pragmatischen Paradoxien“ sprechen (vgl. Watzlawick et al. 1967, S. 178 ff.).

Als einfaches Beispiel sei hier das in der Fachliteratur gern zitierte Beispiel des Dorfbarbiers erwähnt, der *alle* männlichen Dorfbewohner rasiert, die sich *nicht selbst* rasieren. Da auch er selbst ein männlicher Dorfbewohner ist, entsteht durch die *Selbstbezüglichkeit* dieser Definition eine pragmatische Paradoxie, d. h., der Barbier ist mit zwei Handlungsaufforderungen konfrontiert, die sich gegenseitig ausschließen. Wenn er sich selbst rasiert, dann hat er einen Dorfbewohner rasiert, der sich selbst rasiert, obwohl er doch nur die rasiert, die sich nicht selbst rasieren. Aber gleichzeitig muss er sich selbst rasieren, weil er ja alle rasiert, die sich nicht selbst rasieren usw. Wer immer versucht, die *Identität* dieses Barbiers als Selbst- oder Nichtselbstrasierer zu bestimmen, gerät naturgemäß in Verwirrung: in eine unendliche *Oszillation* zwischen zwei sich ausschließenden Identitäten als Selbst- oder Nichtselbstrasierer. Wenn es der Barbier selbst ist, der mit seiner Selbstdefinition in dieser doppelbindenden Falle steckt und ein Verhalten zeigt, das mal der einen, mal der anderen Identität gerecht zu werden versucht, so wird er von seinen Mitmenschen mit hoher Wahrscheinlichkeit als nicht ganz bei Sinnen diagnostiziert werden, als „schizophren“, d. h. als „spaltungsirre“ (Selbstrasierer/Nichtselbstrasierer).

Im Allgemeinen beschäftigten sich mit solchen Paradoxien in erster Linie akademische Logiker, im Gefolge Batesons und der Macy-Konferenzen taten dies allerdings auch zunehmend Psychiater (Ruesch u. Bateson 1951). Für den Alltag scheinen Paradoxien nicht so wichtig zu sein. Im Zweifel wird dieser Barbier sich rasieren und sich der Abgründe, in die er den beobachtenden Logiker gestürzt hat, nicht bewusst sein – es sei denn, er ist selbst dieser Beobachter und versucht, sein Handeln an den Gesetzen der Logik zu orientieren.

Ganz allgemein entsteht ein Problem, wenn bei paradoxen Handlungsaufforderungen entschieden werden soll – gleichgültig, ob Individuen oder soziale Systeme dies tun sollen. Das ist etwa dann der Fall, wenn Entscheidungen bzw. ihre Konsequenzen Werten oder Zielen gerecht werden müssen, die sich gegenseitig ausschließen. Wer diesem Konflikt nicht ausweichen kann, sieht sich in einer Zwickmühle (pragmatische Paradoxie), die nach dem Muster strukturiert ist: „Tust du das Richtige, dann ist es falsch; tust du das Falsche, dann ist es richtig!“ Wer beiden Bewertungen und den impliziten Handlungsaufforderungen, dem Tun oder Nichttun des einen oder des anderen, gerecht werden will, wird in einen *logisch* nicht auflösbaren Konflikt gestürzt. Er ist mit einer Situation objektiver *Unentscheidbarkeit* konfrontiert. Es gibt keine festen, die Zeit überdauernden Definitionen von richtig und falsch, wenn solch ein Zirkel zu Selbstwidersprüchen und Kontradiktionen statt zu stabilen Eigenwerten führt.

Eine *handelnde Einheit*, sei es ein Individuum oder ein soziales System, die solchen paradoxen und sich daher ausschließenden Handlungsaufforderungen ausgesetzt ist, kann *entweder* der einen *oder* der anderen Aufforderung folgen, nicht beiden *gleichzeitig*. Wenn sie versucht, den Regeln der zweiwertigen Logik dauerhaft gerecht zu werden – etwa weil dies ihr Ziel einer die Zeit überdauernden, eindeutigen Identität zu fordern scheint (einmal Selbstrasierer, immer Selbstrasierer) –, hat sie ein Problem.

Die Möglichkeiten, mit Paradoxien, d. h. sich ausschließenden Handlungsaufforderungen, Funktionen oder Identitäten, umzugehen, lassen sich in Form eines Tetralemmas darstellen (vgl. Simon 1988, 1995, 2001; s. Abb. 13).

Entweder Selbstrasierer	*Sowohl* Selbstrasierer *als auch* Nichtselbstrasierer
Weder Selbstrasierer *noch* Nichtselbstrasierer	*Oder* Nichtselbstrasierer

Abb. 13

Paradoxien beruhen darauf, *Unterscheidungen* zu bilden, die gegensätzlich markiert sind. Wenn dabei den beiden Seiten der Unterscheidung Merkmale zugeschrieben werden, die sich im Sinne der zweiwertigen Logik gegenseitig ausschließen, so ergeben sich insgesamt vier Positionen (daher Tetralemma), je nachdem ob ein *Raum*, *Zustand* oder *Inhalt* auf der *Innenseite* oder *Außenseite* der jeweils antinomisch markierten Unterscheidungen verortet wird.

Bleiben wir der Kontinuität halber bei der Unterscheidung zwischen einer Person, die *sich selbst rasiert* und einer, die sich nicht selbst rasiert und stattdessen von einer anderen Person *rasiert wird*. Hier ist die Identität einer handelnden Einheit (Person) durch die Art ihrer Handlungen definiert. Drei der Möglichkeiten sind relativ einfach und bereiten – wie leicht ersichtlich – keine Identitätsprobleme durch widersprüchliche Definitionen oder Handlungsanweisungen. Wird jemand in der Entweder-Position verortet, so ist er Selbstrasierer und bedarf keines Barbiers. Verortet er sich in der Oder-Position, so ist er Nichtselbstrasierer, d. h. Kunde des Barbiers: Er geht jeden Morgen zu diesem, um sich rasieren zu lassen. Wer in der Weder-noch-Position verortet ist, der trägt wahrscheinlich einen langen Bart, da er sich weder selbst rasiert noch von einem anderen rasieren lässt. Aber vielleicht brennt er sich auch die Barthaare ab, um sie loszuwerden, ohne der Klasse der Selbstrasierer oder Nichtselbstrasierer zugerechnet werden zu können.

Die Schwierigkeit entsteht in der paradoxen Position, die fordert, sich selbst zu rasieren und sich nicht selbst zu rasieren. Der logische Widerspruch schafft ein Problem, das kreativ gelöst werden muss und den Regeln der zweiwertigen Logik ein Schnippchen schlägt. Es muss eine

Lösung sein, die beiden Definitionen und Handlungsaufforderungen, d. h. den sich ausschließenden Merkmalen der Unterscheidung, gerecht wird. Das ist die Situation des Barbiers in dem berühmten, oben zitierten Dorf.

Wenn er im Sinne der Identität als jemand, der *entweder* sich selbst rasiert *oder* rasiert wird, Eindeutigkeit von sich fordert, so kann er *Zeit* einführen und nacheinander zwischen beiden Seiten der Unterscheidung hin- und herspringen, d. h. schnell oder langsam zwischen der Entweder- und der Oder-Position *oszillieren*. Beim Rasieren mag das kaum einem Außenstehenden auffallen, weil dieser Identitätskonflikt intrapsychisch ablaufen mag und nicht von außen beobachtbar ist bzw. weil sich sowieso kein Mensch den ganzen Tag rasiert und eine Oszillation zwischen Rasieren und Nichtrasieren (wenn auch nicht Rasiertwerden) an der Tagesordnung ist. Ganz anders erscheint es, wenn jemand von einer Minute zur anderen seine Meinung, seine Wünsche und seine Sichtweise ins Gegenteil verkehrt und dann wieder zurücknimmt und z. B. eine Treppe drei Schritte hochgeht, um anschließend wieder drei Schritte runterzugehen, dann wieder hoch, dann wieder runter ... usw.

Diese erste Form der Paradoxiebewältigung oder -entfaltung besteht darin, die handelnde *Einheit* in ihren Grenzen *unverändert* zu lassen, aber *Zeit* einzuführen. Sie kann dann zwischen zwei sich ausschließenden Zuständen (z. B. Verhaltensweisen) oszillieren und zum einen Zeitpunkt die einen Merkmale zeigen, zum anderen Zeitpunkt die dazu gegensätzlichen. Die Identität solch einer handelnden Einheit (z. B. einer Person, einer Organisation) scheint nun, aus der Perspektive des außen stehenden Beobachters, widersprüchlich und inkonsistent. Erklären lässt sich dies durch die interne Spaltung der beobachteten Einheit (Person/Organisation) in Untereinheiten mit logisch widersprüchlichen Merkmalen, von denen sich zu einem gegebenen Zeitpunkt immer nur *entweder* die eine *oder* die andere realisiert (z. B. als „Spaltung“ des „Schizophrenen“). Die Unentscheidbarkeit von Paradoxien bzw. paradoxer Handlungsaufforderungen kann generell dadurch bewältigt werden, dass zwei Untereinheiten mit unterschiedlichen, sich gegenseitig ausschließenden Merkmalen geformt werden. Geschieht dies systemintern, kann dies als Binnendifferenzierung charakterisiert werden. Wenn ein auf diese Weise differenziertes System mit der Notwendigkeit, als *Einheit* zu handeln, konfrontiert ist, entsteht zwangsläufig ein interner Konflikt.

Statt der Binnendifferenzierung hätte es aber auch zu einer Spaltung in zwei voneinander getrennte, unabhängig handelnde Einheiten kommen können. Die Sowohl-als-auch-Position des Tetralemmas kann in zwei in sich logisch konsistente Einheiten aufgespalten werden, die synchron, wenn auch in unterschiedliche Richtungen, operieren. Die Einheit der beiden widersprüchlichen Seiten der Paradoxie könnte dann extern wiederhergestellt werden, etwa als Interaktion oder Kommunikation der beiden handelnden Einheiten.

Im Falle unseres Barbiers als handelnder Einheit ist dies etwas schwierig, es sei denn, wir wären bereit, eine Teilung des „ganzen Barbiers" in seinen Kopf oder zumindest seine bärtigen Wangen und seine begnadeten Barbierhände vorzunehmen. Beide Einheiten, Wangen wie Hände, könnten nun miteinander in Interaktion treten, ohne in Identitätsschwierigkeiten zu geraten. Hände rasieren sich nicht, und Wangen werden rasiert. Für Ambivalenzen und paradoxe Handlungsaufforderungen gäbe es keinen Raum mehr, da jeder der betroffenen Körperteile eine in sich logisch konsistente, d. h. widerspruchsfreie Identität, Rolle und Funktion zugeschrieben bekäme. Ihre Arbeitsteilung würde dafür sorgen, dass beide Aufgaben, Rasieren und Rasiertwerden, realisiert werden könnten.

Zugegeben: Das klingt in Bezug auf eine einzelne Person absurd, aber wenn wir den Blick auf die Gesellschaft oder auf Organisationen richten, dann verliert dieses Bild alle Absurdität. Denn da solche Systeme aus Kommunikationen gebildet werden, ist ihre Teilungsmöglichkeit weit größer, als dies bei materiellen Einheiten wie dem Körper eines Friseurs der Fall ist. Hier lassen sich ohne weiteres Untereinheiten (Kommunikationssysteme), die einer bestimmten, speziellen Funktion dienen, von anderen Untereinheiten (Kommunikationssystemen) abgrenzen, ohne dass es dazu irgendwelcher chirurgischen Eingriffe bedürfte. In Unternehmen lassen sich beispielsweise Subsysteme (Abteilungen, Divisionen) mit sich ausschließenden Zielen und Funktionen formen, die gleichzeitig realisiert werden. Eine Abteilung ist mit der Forschung und Entwicklung neuer Produkte beschäftigt, während gleichzeitig eine zweite Abteilung für die Produktion zuständig ist und eine dritte sich um den Vertrieb kümmert. In der Familie kann einer den Abwasch machen, ein anderer trägt den Mülleimer vor die Tür.

Auf gesellschaftlicher Ebene ist die Differenzierung in unterschiedliche Funktionssysteme wie z. B. Wirtschaft, Wissenschaft, Politik, Kunst usw., die unterschiedlichen Zielsetzungen gerecht werden müssen, ebenfalls als Paradoxieentfaltung zu verstehen. Auf diese Weise wird es möglich, arbeitsteilig Aufgaben zu erfüllen, die jede unteilbare handelnde Einheit aufgrund ihrer Widersprüchlichkeit überfordern würden.

Die Unentscheidbarkeit zwischen mehreren sich ausschließenden Sichtweisen, Werten oder Zielen, die als wahr oder richtig definiert sind, führt dazu, dass eine soziale oder psychische Differenzierungsform entsteht, bei der *nicht entschieden* werden muss, weil beides entweder *gleichzeitig nebeneinander* (raumförmig geordnet) oder *ungleichzeitig nacheinander* (zeitförmig) realisiert werden kann. Gelingt es nicht, die Paradoxie in solch einer Weise zu entfalten so ist Lähmung/Handlungsunfähigkeit die Folge (Weder-noch-Position).

Wo nicht objektivierbar zwischen *wahr* bzw. *richtig* auf der einen Seite und *unwahr* bzw. *falsch* auf der anderen Seite unterschieden werden kann, *muss* entschieden werden.

In der Notwendigkeit, angesichts paradoxer, d. h. unentscheidbarer Ausgangsbedingungen zu entscheiden, kann die Wurzel aller psychischen und sozialen Differenzierungsprozesse gesehen werden. Die Symmetrie zwischen beiden Seiten der Richtig-falsch-Unterscheidung muss gebrochen werden. Das generelle Grundprinzip dafür, das sowohl in der Entwicklung von Denkstrukturen wie auch in der Entwicklung der Gesellschaft und ihrer Subsysteme zu finden ist, besteht darin, aus der *einen*, agierenden Einheit, die zwei sich logisch gegenseitig ausschließenden Definitionen, Aufgaben oder Handlungsaufforderungen gerecht werden soll (z. B. als Subjekt und Objekt der Aktion zu fungieren), *zwei oder mehr* Einheiten zu formen, von denen jede nur *einem*, in sich logisch konsistenten Ziel gerecht werden muss.

Auf gesamtgesellschaftlicher Ebene ist damit die Ausdifferenzierung in der Funktion unterschiedlicher *Subsysteme* bzw. von *Organisationen* zu erklären, die solchen Zielen funktionell zugeordnet werden können. Gesellschaftliche Subsysteme, wie z. B. das Wirtschaftssystem oder das Rechtssystem, sind in ihrer Funktionsweise unterschiedlich spezialisiert.

Diese bzw. die Organisationen und Akteure, die an ihnen teilnehmen, orientieren sich jeweils an einer anderen Leitunterscheidung. Im Wirtschaftssystem dreht sich die Kommunikation um knappe Güter bzw. das *Eigentum* an ihnen (Haben/Nichthaben) sowie um die Änderung der Eigentumsverhältnisse (Kauf/Verkauf). Die Spezialisierung des Wirtschaftssystems und seiner Akteure besteht darin, dass die Kommunikationen, die das System definieren (und gegen andere Subsysteme abgrenzen), mithilfe eines spezifischen Kommunikationsmediums erfolgen: des Geldes. Es sind Zahlungen, die zu leisten sind oder empfangen werden, die Operationen als „wirtschaftlich" definieren. Natürlich spielen auch noch andere Spielregeln für derartige Transaktionen eine Rolle, z. B. die des Rechtssystems, das die vertraglichen Rahmenbedingungen bestimmt. Aber die Entscheidungen innerhalb des Wirtschaftssystems folgen wirtschaftlichem Kalkül, während die des Rechtssystems von formalen Erwägungen bestimmt werden. Beide hier beispielhaft nebeneinander gestellten Systemtypen erbringen im Rahmen der gesellschaftlichen Arbeitsteilung Leistungen füreinander, folgen aber in ihren Spielregeln einer jeweils anderen internen Logik. Da beide als Umwelten füreinander fungieren, ist die gesellschaftliche Paradoxie, sich gegenseitig ausschließende Ziele realisieren zu müssen, durch die Ausdifferenzierung (Emergenz) von Subsystemen aufgelöst worden.

So haben Paradoxien, nüchtern betrachtet, die (paradoxe) Wirkung, dass sie aufgrund ihrer Unvereinbarkeit mit den Regeln der zweiwertigen Logik zum Motor der Ausdifferenzierung sozialer Subsysteme werden und es ihren Teilnehmern jeweils ermöglichen, ambivalenz- und widerspruchsfrei, d. h. den Regeln der zweiwertigen Logik folgend, zu handeln. Pragmatische Konflikte, die den Einzelnen verrückt machen könnten, werden – externalisiert – zum Treiber gesellschaftlicher Entwicklung.

7 Zum Abschluss: Zehn Gebote des systemischen Denkens

Gibt es nun in all den bis hierher skizzierten und kondensierten Modellen so etwas wie einen roten Faden oder einen gemeinsamen Nenner, der als Quintessenz der Theorie(n) in die Praxis mitgenommen und dort als Handlungsanleitung verwendet werden kann?

Der Wunsch nach praxistauglichen Rezepten ist nicht nur verständlich, sondern auch legitim. Aus konstruktivistischer Sicht, nach der es bei unseren Wirklichkeitskonstruktionen nicht um Wahrheit, sondern um ihre Tauglichkeit im alltäglichen Handeln geht, ist diese Frage sogar unverzichtbar. Denn wenn es nicht gelingt, aus den hier dargestellten Konzepten Modelle zu schnitzen, die zur Komplexitätsreduktion innerhalb des tatsächlichen Lebens hilfreich sind, so sind sie zumindest für denjenigen, der mehr als nur Erkenntnis oder ästhetische Erfüllung sucht, nicht sonderlich befriedigend. Um den Transfer in die Praxis zu erleichtern, sollen daher im Folgenden einige Denkanweisungen (im Unterschied zu Handlungsanweisungen) gegeben werden, die sich aus systemtheoretischen Überlegungen ableiten lassen. Da die Konstruktion von Wirklichkeiten, wenn man George Spencer-Brown folgt, mit Kunstarten wie dem Kochen zu vergleichen ist, sollte es nicht verwundern, dass hier der Versuch unternommen wird, Rezepte zu formulieren. Da der Vorteil systemtheoretischer Modelle darin besteht, dass sie aufgrund ihrer Abstraktheit auf ganz unterschiedliche Inhalte und Phänomenbereiche angewandt werden können, sollen im Folgenden auch nur Rezepte auf einer rein formalen, d. h. jeweils von Fall zu Fall mit Inhalten zu füllenden, Ebene angeboten werden. Sicher könnte eine große Zahl von Anweisungen zum systemischen Denken formuliert werden, aber um der Prägnanz und der quantitativen Tradition willen ist sie hier auf *zehn Gebote* beschränkt:

1. Mache dir stets bewusst, dass alles, was gesagt wird, von einem Beobachter gesagt wird!

[Stelle in Rechnung, dass jede Aussage zu einem guten Teil von der Perspektive des Beobachters, seinen Wahrnehmungsfähigkeiten, Scheuklappen, blinden Flecken, Interessen, Vorerfahrungen usw. bestimmt ist; die „Objektivität" von Aussagen über die Welt ist daher im besten Fall als Ergebnis der Einigung unterschiedlicher Beobachter über die anzuwendenden Beobachtungsmethoden und deren Ergebnisse vorstellbar.]

2. Unterscheide stets das, was über ein Phänomen gesagt wird, von dem Phänomen, über das es gesagt wird!

[Die Landkarte (Bezeichnung) ist nicht die Landschaft (das bezeichnete Phänomen). Die implizite Logik von Zeichensystemen, d. h. von Symbolen, Abbildungen, Metaphern, Sprachen, Texten, Formeln usw., ist in der Regel anders als die der abgebildeten oder bezeichneten Phänomene oder Gegenstände; wenn beides verwechselt wird, besteht die Gefahr, dass auf Eigenarten der Beobachtungsmethode und ihrer Ergebnisse bzw. des Beobachters statt des beobachteten Sachverhalts reagiert wird.]

3. Wenn du Informationen (be)schaffen willst, triff Unterscheidungen!

[Informationen entstehen durch das Ziehen von Grenzen, durch die ein Raum, Zustand oder Inhalt „innen" von einem Raum, Zustand oder Inhalt „außen" getrennt wird; das geschieht entweder durch vom Beobachter unabhängige Prozesse, d. h., es entstehen irgendwelche Einheiten, oder aber durch den Beobachter, d. h., dieser definiert ideelle Einheiten; die Formulierung „triff Unterscheidungen" ist daher doppeldeutig: Entweder man trifft bereits vorhandene Unterscheidungen an, oder man ist derjenige, der sie aktiv vollzieht; erst wenn klar ist, wogegen man die definierenden Merkmale, die der Innenseite zugeschrieben werden, abgrenzt, d. h. klar ist, welche Merkmale auf der Außenseite gleichzeitig dadurch negiert werden, ist Information gewonnen worden.]

4. Trenne in deiner inneren Buchhaltung die Beschreibung beobachteter Phänomene von ihrer Erklärung und Bewertung!
[Aus der Beschreibung von Phänomenen ergibt sich noch keine direkte Handlungskonsequenz; erst die Bewertung eines so beschriebenen Zustandes als erwünscht oder unerwünscht führt zu der Frage, wie er erhalten oder verändert werden kann; die Maßnahmen, die dann ergriffen werden, um dieses Ziel zu erreichen, richten sich nach den jeweils konstruierten Erklärungen (generierenden Mechanismen) für den Ist- oder Sollzustand; wenn Beschreibungen, Erklärungen und Bewertungen fest miteinander gekoppelt werden, werden zwangsläufig immer Handlungsoptionen eingeschränkt und das Suchen und Finden kreativer, neuer Lösungen verhindert.]

5. Der Status quo bedarf immer der Erklärung!
[Im Bereich lebender oder Leben voraussetzender Systeme (Organismen, psychische und soziale Systeme) entstehen Strukturen nur dann und bleiben nur dann unverändert, wenn sie aktiv hergestellt und erhalten werden (Autopoiese); wenn dem außen stehenden Beobachter über die Zeit hin Merkmale oder Eigenschaften lebender/psychischer/sozialer Systeme konstant und dauerhaft erscheinen, so ist dies immer als Ergebnis eines dynamischen Prozesses zu erklären, der aktiv dafür sorgt, dass sich nichts verändert.]

6. Unterscheide Elemente, Systeme und Umwelten!
[Um die Komplexität der Welt zu reduzieren, muss der Beobachtungsbereich begrenzt werden; Systeme lassen sich dabei als zusammengesetzte Einheiten verstehen, die zum einen aus Elementen als kleinsten Einheiten (die nicht weiter analysiert zu werden brauchen) komponiert sind, zum anderen gegen Umwelten abgegrenzt werden; diese Umwelten können andere Systeme sein, sie können aber auch unmarkiert bleiben und allein dadurch charakterisiert sein, dass die Merkmale des Systems nicht gegeben sind.]

7. Betrachte soziale Systeme als Kommunikationssysteme, d. h., definiere ihre kleinsten Einheiten (Elemente) als Kommunikationen!

[Zur Kommunikation gehören immer mindestens zwei Teilnehmer: einer, der eine Information mitteilt, und einer, der sie versteht; diese Operation, an der mehrere Akteure beteiligt sind, ist das Letztelement sozialer Systeme; daher nehmen an einem durch Kommunikationen gebildeten, sozialen System in der Regel mehrere Personen teil; was das System aufrechterhält, ist aber nicht die Kontinuität der Personen, sondern die Kontinuität der Kommunikation, d. h., wenn sie nicht fortgesetzt wird, endet das soziale System.]

8. Denke daran, dass die Überlebenseinheit immer ein System mit seinen relevanten Umwelten ist!

[Die Grenzen dessen, was in einer Familie, einer Organisation oder der Gesellschaft möglich ist, wird immer von ihren jeweiligen, (mehr oder auch weniger austauschbaren) relevanten Umwelten bestimmt; das sind zum Ersten die biologischen und psychischen Systeme der Teilnehmer, zum Zweiten andere soziale Systeme; zwischen Systemen und Umwelten (vor allem, wenn dies andere Systeme sind), kann es zu Konflikten kommen; wichtig ist, hier Lösungen zu finden, mit denen beide Seiten leben können, damit nichtbeabsichtigte, autodestruktive Langzeitwirkungen verhindert werden können.]

9. Orientiere dein Handeln an repetitiven Mustern!

[Konstanz in dynamischen Systemen (ob im Bereich des Biologischen, Psychischen oder Sozialen) ist immer durch die Wiederholung von Prozessmustern zu erklären, deren Organisationsform konstant ist; das gilt für Zustände, die als „problematisch“ bewertet werden und verändert werden sollen, wie auch für angestrebte Ziele und „Lösungen“, die positiv bewertet und herbeigeführt werden sollen; alles, was nur einmal geschieht, ist nicht von Bedeutung; wo nicht für Wiederholung gesorgt ist, kann nicht mit Berechenbarkeit gerechnet werden.]

10. Betrachte Paradoxien und Ambivalenzen als normal und erwartbar!

[Das Ideal der zweiwertigen Logik, wonach Aussagen entweder „wahr" oder „falsch" zu sein haben bzw. sind und etwas Drittes nicht möglich ist, ist ein typisches Landkartenphänomen, d. h. ein Merkmal des Zeichensystems, ein Artefakt, das durch den Beobachter produziert wird; die tatsächlich existierende Welt ist immer voller Widersprüche, Antagonismen, Unklarheiten, Vieldeutigkeiten und Oszillationen; daher ist Ambivalenz eigentlich die für jeden Beobachter angemessene Normalverfassung; das macht es für den Beobachter nötig, immer wieder neu zu entscheiden, obwohl es keine sicheren Kriterien für die „Richtigkeit" der Entscheidung gibt; das gilt für Entscheidungen über Beschreibungen von Phänomenen ebenso wie für Entscheidungen über ihre Erklärung und Bewertung und schließlich auch und vor allem für die daraus abzuleitenden Handlungskonsequenzen.]

Literatur

Bak, P., K. Chen (1991): Selbstorganisierte Kritizität. *Spektrum der Wissenschaft*, März 1991.

Bateson, G., D. Jackson, J. Haley, J. Weakland (1956): Vorstudien zu einer Theorie der Schizophrenie. In: G. Bateson (1972): Ökologie des Geistes. Frankfurt (Suhrkamp) 1981, S. 270–301.

Bateson, G. (1967): Kybernetische Erklärung. In: ders. (1972): Ökologie des Geistes. Frankfurt (Suhrkamp) 1981, S. 515–529.

Bateson, G. (1971): Die Kybernetik des „Selbst". Eine Theorie des Alkoholismus. In: ders. (1972): Ökologie des Geistes. Frankfurt (Suhrkamp) 1981, S. 400–435.

Bateson, G. (1979): Geist und Natur. Eine notwendige Einheit. Frankfurt (Suhrkamp) 2002.

Beer, S. (1959): Kybernetik und Management. Frankfurt (Fischer) 1970.

Bertalanffy, L. von (1968): General Systems Theory. New York (George Braziller).

Foerster, H. von (1973): Über das Konstruieren von Wirklichkeiten. In: H. von Foerster (1985): Sicht und Einsicht. Versuche zu einer operativen Erkenntnistheorie. Heidelberg (Carl-Auer) 1999, S. 25–41.

Foerster, H. von (1974): Cybernetics of Cybernetics. BCL-Report No. 73.38. Urbana (University of Illinois).

Foerster, H. von (1976): Gegenstände: greifbare Symbole für (Eigen-)Verhalten. In: H. von Foerster (1985): Sicht und Einsicht. Versuche zu einer operativen Erkenntnistheorie. Heidelberg (Carl-Auer) 1999, S. 207–216.

Foerster, H. von (1984): Erkenntnistheorie und Selbstorganisation. *Delfin* 4: 6–19.

Foerster, H. von (1985): Sicht und Einsicht. Versuche zu einer operativen Erkenntnistheorie. Heidelberg (Carl-Auer) 1999.

Foerster, H. von (1988). Abbau und Aufbau. In: F. B. Simon (Hrsg.) (1997): Lebende Systeme. Wirklichkeitskonstruktionen in der systemischen Therapie. Taschenbuchausgabe, Frankfurt (Suhrkamp), S. 32-51.

Geertz, C. (1973): Dichte Beschreibung. Beiträge zum Verstehen kultureller Systeme. Frankfurt (Suhrkamp) 1987.

Glasersfeld, E. von (1985): Konstruktion der Wirklichkeit und des Begriffs der Objektivität. In: H. Gumin, A. Mohler (Hrsg.): Einführung in den Konstruktivismus. München (Oldenbourg), S. 1–26.

Haken, H. (1981): Erfolgsgeheimnisse der Natur. Synergetik: Die Lehre vom Zusammenwirken. Stuttgart (DVA).

Heims, S. J. (1991): The Cybernetics Group. Cambridge, MA (MIT-Press).
Jantsch, E. (1979): Die Selbstorganisation des Universums. München (Hanser) 1992.
Jaspers, K. (1937): Descartes und die Philosophie. Berlin (de Gruyter) 4. Aufl. 1966.
Kelly, G. A. (1955): The Psychology of Personal Constructs. Vol. 1 & 2. New York (Norton).
Korzybski, A. (1933): Science and sanity. New York (Int. Non-Aristotelian Library) 5. Aufl. 1993.
Kuhn, T. S. (1962): Die Struktur wissenschaftlicher Revolutionen. Frankfurt (Suhrkamp) 2002.
Lewin, R. (1992): Die Komplexitätstheorie. Wissenschaft nach der Chaosforschung. Hamburg (Hoffmann und Campe) 1993.
Luhmann, N. (1984): Soziale Systeme. Grundriss einer allgemeinen Theorie. Frankfurt (Suhrkamp).
Luhmann, N. (1988): Was ist Kommunikation? In: F. B. Simon (Hrsg.) (1997): Lebende Systeme. Wirklichkeitskonstruktionen in der systemischen Therapie. Taschenbuchausgabe, Frankfurt (Suhrkamp), S. 19–31.
Luhmann, N. (1993): Die Paradoxie des Entscheidens. *Verwaltungsarchiv* 84: 287–310.
Luhmann, N. (1997): Die Gesellschaft der Gesellschaft. Frankfurt (Suhrkamp).
Maturana, H. (1975): Die Organisation des Lebendigen: eine Theorie der lebendigen Organisation. In: H. Maturana (1982): Erkennen: Die Organisation und Verkörperung von Wirklichkeit. Braunschweig (Vieweg), S. 136–156.
Maturana, H. (1978): Repräsentation und Kommunikation. In: H. Maturana (1982): Erkennen: Die Organisation und Verkörperung von Wirklichkeit. Braunschweig (Vieweg), S. 272–296.
Maturana, H., F. Varela (1970): Biologie der Kognition. In: H. Maturana (1982): Erkennen: Die Organisation und Verkörperung von Wirklichkeit. Braunschweig (Vieweg), S. 32–80.
Maturana, H., F. Varela (1984): Der Baum der Erkenntnis. Bern (Scherz) 1987.
McCulloch, W., W. Pitts (1943): A Logical Calculus of the Ideas Immanent in Nervous Activity. In: W. McCulloch (1970): Embodiments of Mind. Cambridge, MA (MIT-Press), p. 19–39.
McCulloch, W. (1961): What Is a Number, that Man May Know It, and a Man, that He May Know a Number? In: W. McCulloch (1970): Embodiments of Mind. Cambridge, MA (MIT-Press), p. 1–18.
McCulloch, W. (1970): Embodiments of Mind. Cambridge, MA (MIT-Press)
Monod, J. (1971): Zufall und Notwendigkeit. Philosophische Fragen der modernen Biologie. München (dtv).
Piaget, J. (1937): Der Aufbau der Wirklichkeit beim Kinde. Stuttgart (Klett-Cotta) 2. Aufl. 1999.
Piaget, J. (1967): Biologie und Erkenntnis. Frankfurt (Fischer) 1992.

Piaget, J. (1970): Abriß der genetischen Epistemologie. Stuttgart (Klett-Cotta) 1980.

Piaget, J. (1975): Die Äquilibraton der kognitiven Strukturen. Stuttgart (Klett) 1976.

Popper, K. (1935): Logik der Forschung. Tübingen (Mohr Siebeck) 2005.

Prigogine, I., I. Stengers (1980): Dialog mit der Natur. München (Piper) 1981.

Prigogine, I., I. Stengers (1993): Das Paradox der Zeit. Zeit, Chaos und Quanten. München (Piper).

Ruesch, J., G. Bateson (1951): Kommunikation. Die soziale Matrix der Psychiatrie. Heidelberg (Carl-Auer) 1995.

Schrödinger, E. (1967): Was ist Leben? München (Piper) 1987.

Shannon, C., W. Weaver (1949): The Mathematical Theory of Communication. Urbana (Univ. of Illinois Press).

Simon, F. B. (1988/93): Unterschiede, die Unterschiede machen. Klinische Epistemologie: Grundlage einer systemischen Psychiatrie und Psychosomatik. Überarbeitete Taschenbuchausgabe, Frankfurt (Suhrkamp) 3. Tb.-Aufl. 1999.

Simon, F. B. (1990): Meine Psychose, mein Fahrrad und ich. Zur Selbstorganisation der Verrücktheit. Heidelberg (Carl-Auer) 10. Aufl. 2004.

Simon, F. B. und Conecta-Autorengruppe (1992): „Radikale“ Marktwirtschaft. Grundlagen des systemischen Managements. Heidelberg (Carl-Auer) 5., überarb. und aktual. Aufl. 2005.

Simon, F. B. (1995): Die andere Seite der Gesundheit. Ansätze einer systemischen Krankheits- und Therapietheorie. Heidelberg (Carl-Auer) 2. Aufl. 2001.

Simon, F. B. (2001): Tödliche Konflikte. Zur Selbstorganisation privater und öffentlicher Kriege. Heidelberg (Carl-Auer) 2., erw. u. korrig. Aufl. 2004.

Simon, F. B. (2004a): Gemeinsam sind wir blöd. Die Intelligenz von Unternehmen, Managern und Märkten. Heidelberg (Carl-Auer).

Simon, F. B. (2004b): Zur Systemtheorie der Emotionen. Soziale *Systeme* 10: 111–139.

Spencer-Brown, G. (1969): Laws of Form. London (Allen and Unwin). [dt. (1997): Gesetze der Form. Lübeck (Bohmeier).]

Watzlawick, P., J. H. Beavin, D. D. Jackson (1967): Menschliche Kommunikation. Bern (Huber) 1969.

Wiener, N. (1948): Kybernetik. Düsseldorf (Econ) 1992.

Wittgenstein, L. (1958): Philosophische Untersuchungen. Frankfurt (Suhrkamp) 1971.

Über den Autor

Fritz B. Simon, Dr. med., Univ.-Prof.; Studium der Medizin und Soziologie; Psychiater und Psychoanalytiker, systemischer Therapeut und Organisationsberater. Forschungsschwerpunkt: Organisations- und Desorganisationsprozesse in psychischen und sozialen Systemen. Autor bzw. Herausgeber von ca. 300 wissenschaftlichen Fachartikeln und 35 Büchern, die in 15 Sprachen übersetzt sind, u. a.: *Radikale Marktwirtschaft* (1992), *Die andere Seite der Gesundheit* (1995), *Die Kunst, nicht zu lernen* (1997), *Zirkuläres Fragen* (1999), *Tödliche Konflikte* (2001), *Die Familie des Familienunternehmens* (2002), *Gemeinsam sind wir blöd!?* (2004), *Mehr-Generationen-Familienunternehmen* (2005), *Einführung in die systemische Organisationstheorie* (2007), *Einführung in die systemische Wirtschaftstheorie* (2009), *Einführung in die Systemtheorie des Konflikts* (2010), *„Zhong De Ban" oder: Wie die Psychotherapie nach China kam* (2011), *Einführung in die Theorie des Familienunternehmens* (2012), *Wenn rechts links ist und links rechts* (2013), *Einführung in die (System-)Theorie der Beratung* (2014), *Formen. Zur Kopplung von Organismus, Psyche und sozialen Systemen* (2018), *Anleitung zum Populismus* (2019), *Der Streit ums Nadelöhr* (2019), *Lockdown: Das Anhalten der Welt* (2020), *Formen (reloaded). Zur Kopplung von Organismus, Psyche und sozialen Systemen* (2022), *Stalin und der Apparat* (2023).